Matthias Biskupek

Das kleine DDR-Lexikon

Von Haushaltstag bis Reisekader

Piper München Zürich

FSC

Dieses Taschenbuch wurde auf FSC-zertifiziertem Papier gedruckt. FSC (Forest Stewardship Council) ist eine nichtstaatliche, gemeinnützige Organisation, die sich für eine ökologische und sozialverantwortliche Nutzung der Wälder unserer Erde einsetzt (vgl. Logo auf der Umschlagrückseite).

Ungekürzte Taschenbuchausgabe
Piper Verlag GmbH, München
März 2006

unter dem Titel: »Was heißt eigentlich ›DDR‹?
Böhmische Dörfer in Deutsch & Geschichte«
Umschlagkonzept: Büro Hamburg
Umschlaggestaltung: Cornelia Niere
Umschlagabbildung: Faust Giaccone / Anzenberger
Foto Seite 2: Anke Jacob
Papier: Munken Print von Arctic Paper Munkedals AB, Schweden
Druck und Bindung: Clausen & Bosse, Leck
Printed in Germany
ISBN-13: 978-3-492-26177-7
ISBN-10: 3-492-26177-9

www.piper.de

Inhalt

Inhalt

Vorwort

Grigori Kossonossow ist an allem schuld.

Es war ein lauer Abend in der Toskana. Unweit von Fiesole. Im Garten des Ristorante lief eine jener deutsch-deutschen Verbrüderungen ab, wie sie heute allenfalls noch weit weg von daheim unter dem sternklaren Himmel des Südens und mit reichlich Chianti denkbar ist.

Der Tisch bog sich von Pasta und die gemischte sächsisch-westfälisch-thüringische Gesellschaft vor Lachen. Mitten hinein ließ jemand fallen: Finster blickten die Bauern ... Und während die einen ausgelassen im Chor antworteten: Auch Pferde? Auch Pferde! blieben die anderen stumm.

Da war sie wieder.

Nein, nicht was Sie denken. Nicht die Mauer in den Köpfen. Die wird allenfalls in Gedenkartikeln – von denen in Deutschland übers Jahr ein enormer Bedarf zu bestehen scheint – bemüht. Wenn es darum geht, dem flachen Inhalt vermeintlichen Tiefgang zu verschaffen.

Die Geschichte von Kossonossow ist eine jener prägenden Sonderheiten, die den gemeinen Ossi noch immer vom gemeinen Wessi unterscheidet. Wie Fit, Trasse, Frösi oder Mosa. Nun ist das nichts Beunruhigendes: Beide Spezies, ob nun Ossi oder Wessi, sind im Aussterben begriffen. Und es ist nicht einmal schade drum.

Dennoch muß ein Mangel an Verständlichkeit nicht einfach hingenommen werden. So entstand der Wunsch, auch jenen, die durch die Ungnade der Geburt nichts Richtiges mit dem Begriff Dispatcher oder Jumo-Lappen anzufangen wissen, Aufklärung zu verschaffen.

Vorwort

In Matthias Biskupek fand sich ein geeigneter Autor, dessen Geschick und vor allem dessen Erinnerungsvermögen berufen ist, all die schrulligen Eigenarten der Wortschöpfer aus dem Osten aufzubewahren, damit sie nicht vergessen werden.

Übrigens, ein einfacher Test zeigt, daß auch für die heranwachsende Generation der Erfurter oder Leipziger die Geschichte von Kossonossow bereits in böhmischen Dörfern verschollen ist. Auch sie sollten mit dem Buch die Chance haben, ihre Eltern wenigstens hin und wieder zu verstehen.

Sergej Lochthofen

Mosa

Dem Sprachtüftler, der die Welt nicht vom Zupakken, sondern vom Zuhören kennt, ist fast jeder Begriff Abenteuer. Die sprichwörtlichen »böhmischen Dörfer« waren in der k.u.k. Verwaltungshierarchie jene tschechisch benannten Orte, die der Wiener Beamte, weil er seine alleinseligmachende Bürosprache benutzte, nicht unbedingt kennen mußte. Ob Strakonice, Kralovice oder Humpolec – ihm waren alles böhmische Dörfer. Eingeborenensprache halt.

Hört aber heute ein Zugereister, zum Beispiel ein ministerieller Beamter, im Gespräch den Begriff »Mosa«, so möge er das nicht als hinterwäldlerische Abkürzung von Mosseldorf oder Mosanitz abtun – »Mosa« war mal eine Institution für Heranwachsende; ein Hit der fünfziger, sechziger und siebziger Jahre.

Im Westen Deutschlands gab es Donald Duck und Fix und Foxi. Im Osten wurden Comics bis in die frühen fünfziger Jahre als ungeliebt, wenn nicht gar als feindlich angesehen. Hatte nicht die berühmte Glatzkopf-Bande westliche Bildergeschichten nachgeahmt? War nicht überhaupt alles Amerikanische dekadent und verrucht? Doch irgendwann rang man sich an ideologieleitender Stelle durch, daß alle positiven Traditionen ... kurz: An den Zeichner Hannes Hegen erging der Auftrag, für den Verlag Neues Leben eine Bilderzeitschrift zu entwickeln. Und so hatte im Dezember 1955 das »Mosaik von Hannes Hegen« Premiere, das »Mosa« – auch als »Digedags« bekannt. Zunächst wechselten Abenteuer von Dig, Dag und Digedag mit Pardauz-und-Krachpeng-Geschichten in einem Ferienheim, dann aber eroberten die Kobolde ein jedes Monats-Heft. Sie bauten in der

Südsee ein hochmodernes Turbinenschiff und landeten damit im alten Rom, wo sie Caesar mit zirzensischen Spielen umgarnten. Die schöne Patricia liebte den Sklaven Alfio – und die Digedags halfen beim Tête-à-tête. Mit dem germanischen Koch Teutobold narrten sie dümmliche römische Heerführer, verteidigten Syrakus und gerieten in der arabischen Wüste in einen merkwürdigen Turm – der sich als Mondrakete entpuppte. Ende der Fünfziger landeten die Digedags nun in einer Zukunfts-Gesellschaft auf dem Planeten Neos. Es gab nur noch Automatenrestaurants und lediglich zwei Riesen-Staaten. Die gute (sozialistische) Republikanische Union wurde von einem bösen (kapitalistischen) Großneonischen Reich bedroht. Der fiese Spion McGips, ein Bildhauer, der in seinen abstrakten (!) Plastiken Sendegeräte verbarg, wurde enttarnt, wie auch der Raumschiffkommandant Peer Tyla, der sich Vertrauen erschlichen hatte. Der Kalte Krieg tobte in bunten Farben. Doch die Bösen wurden niemals dahingemetzelt, sondern verlacht und erzogen. Der Werkstoff Digedanium wurde erfunden, die Digedags tourten durch verschiedene Erdzeitalter – Digedag ging dabei verschütt. Dig und Dag waren beim Silberbergbau im Erzgebirge dabei, beim Sonnenkönig in Versailles und bei James Watts Erfindung der Dampfmaschine. Später fuhren sie auf dem Mississippi durch Amerikas Gold-Zeiten; der Mittelalter-Ritter Runkel nahm sie mit nach Venedig ... und irgendwann im Jahre 1975 war zwar nicht Schluß mit lustig, aber mit den Digedags. Hannes Hegen mochte nicht mehr. Von da an hießen die Kobolde Abrafaxe. Die schon lange als geistige Chefs hinter der Kulisse Hannes Hegens wirkenden Lothar Dräger und Lona Rietschel machten mit den übrigen Mitarbeitern im »Mosaik-Kollektiv« weiter. Und da die Abrafaxe nicht gestorben sind, leben sie noch heute.

Derzeit existierende Mosa-Fan-Klubs werden meine Darstellung anzweifeln, da sie nicht jede Nuance ausleuchtet, außerdem spielen mir meine Erinnerungen gewiß solche Streiche wie die Digedags den Bösen – wer alles noch genauer wissen will, mag in mittlerweile existierender Fachliteratur nachlesen, so in jener der Digedag-Forscher Gerd Letkemann und Michael Scholz.

Natürlich, der wirkliche Mosa-Fan wird immer wieder die Digedags zitieren, da der ausgewachsene Mosa-Fan heute so um die Fünfzig ist und eine Kindheit und Jugend lang jeden Monat das neue Heft sehnsüchtig erwartete. Der wirkliche Mosa-Fan wird mit leuchtenden Augen von Bhur Yham reden und Ritterregeln auswendig kennen, und den Spruch »Da staunt der Fachmann und der Löwe wundert sich« kann er blind Heft 7 zuordnen. Wer da mitreden will, tja, der muß eben lernen, lernen und nochmals lernen ...

Rinderoffenstall

■ Alle geschichtlichen Taten werden irgendwann wieder ruchbar. Wenn der Begriff »Kuhhandel« in der Epoche von Rinderwahnsinn und Brüsseler Büros eine ganz neue Deutung erhält, so hatte auch das gute alte Rindvieh, das in manchen Zeiten vegetarischen Verbraucherschützern gefährlicher als ein Atomtransport erschien, eine exponierte Stellung in der DDR-Landwirtschaftsgeschichte.

Stalin war zwar schon gestorben, in den gruselig-seligen mittleren Fünfzigern, aber der Slogan »Von der Sowjetunion lernen heißt siegen lernen« war allgegenwärtig. Besonders in der Landwirtschaft taten sich auf fernen Forschungsfeldern großartige Dinge: Mitschurin sollte Tomaten von Riesengröße gezüchtet haben. Es ging ein Witz um: Kennst du die Mitschurin-Kreuzung aus Erdbeere und Kürbis? Sieht aus wie eine Erdbeere, ist so groß wie eine Erdbeere und schmeckt wie Kürbis.

Mit Nikita Chruschtschow hatte ein Mann des ukrainischen Dorfes den Moskauer Chefposten erklommen – überall wurde heftig Neuland gewonnen. Der Mais, in Chruschtschows Heimat allgegenwärtig, wurde nun auch in der DDR angebaut. Da er hier aber vor allem als Futterpflanze genutzt wurde, wurde Chruschtschows Spruch: »Der Mais, das ist die Wurst am Stengel« bald populär – und im Unterschied zu anderen Übernahmen kann man das bis heute gelten lassen. Mais-Silage ist gewiß gesünderes Viehfutter als Tiermehl.

Aus der Sowjetunion kam aber auch die Kunde von in Gänze gesunden Kühen. Die Sowjet-Kuh sollte deutschem Vieh Vorbild sein. Rinder litten nämlich hierzulande an TBC – die menschlichen TBC-Kranken wurden mit viel frischer Luft geheilt. Und den deutschen, kränklichen Kühen sollte nun ähnliches verordnet werden: der Rinderoffenstall. Wenn der schädliche Wechsel zwischen sommerlicher Weide draußen und winterlicher Stallhaltung durch eine hochmoderne Methode verhindert würde, liefen alsbald nur noch kerngesunde Rinder mit gigantischer Milchleistung durchs deutsche Demokratenland. Das abgehärtete Rind, flink wie ein Windhund, zäh wie Leder, hart wie Kruppstahl ... nein, das war ein Slogan aus noch tieferer deutscher Geschichte. Bleiben wir im jungen Nichtbundesland DDR: Der Rinderoffenstall war eine Art Carport, in dem die Tiere bald sowjetisiert würden, also den Unbilden der Natur in allzeit freier Luft trotzen könnten.

Das Besondere an DDR-Beschlüssen war, daß sie in Windeseile von oben nach unten »durchgestellt« wurden. Hatte sich in einem leitenden Politbürokopf irgendein Rinderwahnsinn eingestellt, so grassierte er bald auch in allen nachgeordneten Köpfen. Überall mußten die soeben vergenossenschaftlichten Bäuerlein Rinderoffenställe bauen. Notfalls wurde alten geschlossenen Ställen einfach eine Mauer entnommen. Daß deutsche Rinderrassen sibirische Kälte nicht ganz so gut ertrugen wie langhaarige Artgenossen, focht die Sowjet-Methodiker nicht an. Daß die Euter als natürliche Kühl-Aggregate überfordert waren, wußten zwar die Bauern, aber die Instrukteure - auch ein schönes, altes Zeitgeist-Wort –, die Instrukteure waren der festen Ansicht, es läge nur an der ideologisch verstockten Bauernklasse.

Die Wirklichkeit - zurückgehende Milchleistung, erfrorene Kühe - belehrte die Eiferer in diesem Fall recht schnell: Die Rinderoffenställe wurden bald wieder geschlossen. Und wie immer konnten die Instrukteure nun den Bauern erneut Vorhaltungen machen: Genossen Bauern! Diesen Fehlschlag hättet Ihr doch voraussehen müssen! Ihr seid schließlich die Spezialisten! Wir geben nur die ideologische Richtung an. Und die lautet: Die deutsche Kuh lebt ungesund und liefert zu wenig Milch. Und ist das, Genossen Bauern, etwa falsch?

Mit den Rinderoffenställen ist eine jener Kampagnen losgetreten worden, die erstaunlich schnell nur noch als Beispiel für anbiederndes Funktionärsdenken stand. Kein DDR-Kabarett der sechziger und siebziger Jahre, das nicht irgendwann eine Rindernummer im Programm hatte oder wenigstens das Reizwort »Rinderoffenstall« fallen ließ. Es war alles längst vorbei, die Rinder aus den zugigen Ställen waren im Wortsinn längst gegessen, aber man konnte den Führungsgenossen ihre Dämlichkeit vorhalten. Weil die Rinderoffenstallkampagnen der Gegenwart tabu waren, rächte man sich immer und immer wieder an längst totgewitzelten echten Rinderoffenställen. Und weil man sich all das kaum vorstellen kann aus heutiger Sicht – was die mit den blöden Zonis aber auch alles haben machen können! – freue ich mich schon darauf, wenn heutige Rinderwahnsinnsbeschlüsse dereinst in ganzen Büchern erklärt werden. Frauofrau! (Das wird frau später aus Gleichstellungsgründen sagen müssen) Frauofrau! – müssen die bescheuert gewesen sein! Die Deutschen am Anfang des dritten Jahrtausends!

ASK-Trainingsanzug

■ Für manche Filme gilt es, DDR-Atmosphäre herzustellen. Das Rezept ist einfach: Man nehme eine Plattenbau-Front – natürlich ohne nachträglich angebrachte Werbetafelei. Davor plaziere man einen Trabbi (Trabant 605 de luxe aus den VEB Automobilwerken Zwickau). Der Trabbi wiederum wird von einem Manne mittlerer Fülligkeit auf Hochglanz gebracht. Dazu benutze man nur Wasser, Eimer, Wischlappen und eventuell Bürsten. Natürlich kann man eine Tube mit der Aufschrift »Elsterglanz« in Großaufnahme zeigen. Wirklich wichtig aber ist die Bekleidung des Mannes mittlerer Fülligkeit. Die besteht nämlich in einem braunen Trainingsanzug, an den Bein- und Arm-Außenseiten mit gelbroten Streifen geschmückt. Solch Aufzug erinnert ein bißchen an General, aber durch die farbige Dreifaltigkeit Braun-Rot-Gelb wird auch die deutsche Nationalfahne assoziiert. Der Anzug selber darf ausgebeult sein. Wenn man mehrere Männer für diesen Film als Staffage einsetzt, sollten einige nur die Trainingshose tragen, als Oberbekleidung hingegen ein schlumperndes Turnhemd. Damit wird »Sommer« angezeigt. In solcher Bekleidung öffnen die Männer mittlerer Fülligkeit aber zu jeder Jahreszeit die mit Holztapete beklebten Eingangstüren ihrer Plattenbauwohnungen. Es ist überheizt, weil die Heizkörper a) nicht abstellbar oder b) der Abstellhahn kaputt oder c) die Heizung sowieso pauschal bezahlt ist. Deshalb also tragen die Männer nur ein Turnhemd auf dem bloßen Körperhaar. (Die Frauenbekleidung, die vornehmlich aus der geblümten Dederon-Kittelschürze besteht, kann jetzt nicht näher behandelt werden: Wir bleiben beim Trainingsanzug.)

ASK-Trainingsanzug

Achtung – der Anzug ist KEIN Jogginganzug, da »Jogging« zur Produktionszeit des braunbeutelnden Trainingsanzugs noch »Meilenlauf« hieß, welcher unter Anleitung eines gewissen Dr. Edelfried Buggel massenhaft in volkseigenen Parkanlagen stattfand und der Gesundheit der werktätigen Massen diente, während die schnaufend-verbissenen Jogger der Gegenwart, denen das Herz elektronisch kontrolliert bis zum Halse schlägt, grundsätzlich Singles sind: leistungswillig, flexibel, konkurrenzfähig; taffe Typen, die einfach gut drauf sind. Top-guys von Head bis qualmender Socke (Hot-socks).

Der Trainingsanzug, der aus den Beständen der Nationalen Volksarmee (NVA) stammt (und noch immer gern in Plattenbausiedlungen getragen wird), zeigt auf der Jacke rücklings gelegentlich auch die Buchstaben ASK. Armeesportklub bedeutet das, und deren gab es viele zwischen den Standorten Stralsund und Bad Salzungen. Manchmal hieß es auch ASV auf dem Jackenrücken – Armeesportvereinigung. Die feinen Unterschiede klärt man am besten mit einem Experten, also einem einst sport- oder armeebegeisterten Opa.

Im ASK-Trainingsanzug wurde selten individuell die Leistungsgrenze erreicht, sondern im Kollektiv geschwitzt. Man robbte bis zum Horizont, und das Wasser mußte im Arsch kochen. Zwar waren alte deutsche Schikane-Maßnahmen und Wehrmachts-Ausdrücke offiziell verpönt: Das Klo mit der Zahnbürste zu schrubben war eines sozialistischen Standortes unwürdig – es kam dennoch vor. Birken wurden auf Sichtseite weiß getüncht und das Laub per Hand von der Wiese geklaubt. Die heute friedlich von Arbeitslosen und Frührentnern getragenen ASK-Trainingsanzüge waren übrigens nur bei simulierten Übungen »Soldat im Angriff« dabei; man darf das bei der neuen Welt-Rolle einer deutschen Armee ruhig und emotionslos mal mitdenken.

Die NVA, vor allem aber deren Offiziere, waren in der DDR-Bevölkerung meines Erachtens nicht sonderlich angesehen. Nur wer ein sehr mäßiges Abitur hatte, ging freiwillig auf eine der Offiziershochschulen. Ich habe den »Barras«, wie mein Vater sagte, nicht sonderlich tief ausgekostet, aber meine Studenten- und Reservisten-Erfahrung ist ätzend genug, auch dieser Armee keine heitern Erinnerungen anzuhängen. Wenn Sie, lieber Leser, brav dieses Buch bis zum Schluß durcharbeiten, stoßen Sie auf weitere unheitere Erinnerungen. Wie immer werden manche sich mit goldigen Gefühlen an ihre anderthalb Jahre bei der »Fahne« erinnern und verklären: Es war gar nicht so schlimm; wir hatten doch einen Lenz; wir haben doch nur aufm Sack gelegen und die Nüsse geschaukelt; bei uns kriegte keiner einen Zapfen ...

Wenn die gebeutelten braungelbroten ASK-Trainingsanzüge in Filmen gezeigt werden, erfüllen sie einen vernünftigen Zweck. Manch einer ihrer Träger wird längst vergessen haben, daß er früher, als er noch ein vom Haß auf den Feind erfüllter Vorgesetzter war, bei einer Auszeichnung nicht »Dankeschön«, sondern »Ich diene der Deutschen Demokratischen Republik!« zu brüllen hatte. Ach ja, und immer mehr Trainingsanzug-Träger werden ihren Aufputz ohnehin von Andenkenhändlern (aus Memory-Shops) erworben haben ...

Brigadetagebuch

■ Gleich, wo wir zur Schule gingen: wenn der Unterricht nach deutschem System ablief, lernten wir das Zergliedern. Ein zusammengesetztes Wort gliedert sich danach in Grund- und Bestimmungswort.

Was ein Tagebuch ist, soll hier nicht zergliedert werden; wir nehmen es als Grundwort. Autoren schreiben zum Beispiel hinein: »Montag. Muß unbedingt noch das Manuskript für ›Was heißt eigentlich DDR?‹ überarbeiten, habe aber keine Zeit, weil ich Tagebuch führen muß ...« Nähern wir uns nun dem Bestimmungswort des Begriffs »Brigadetagebuch«. Die Brigade. Ein militärischer Ausdruck, der eine Heeresabteilung, größer als Kompanie und Regiment, kleiner als Armee, bezeichnet. Im DDR-Betrieb aber war die Brigade »eine Wettbewerbsgruppe; das kleinste Arbeitskollektiv in der volkseigenen Wirtschaft in gemeinschaftlicher Lohnverrechnung«. Der Chef hieß Brigadier, »der von allen Arbeitern anerkannte fortschrittlichste Arbeiter der Brigade«. Solch Bezeichnung rührte daher, weil »Meister« oder bei den Maurern »Polier« in früher DDR als bürgerlich galt – in der Sowjetunion mochte man weder Meister noch Handwerk kennen. Aus dem Keltischen übers Italienische und Französische war der Brigadier ins Russische übernommen worden, und als Sowjetbegriff hatten deutsche Meister nun Brigadiere zu sein, waren aber doch nur Vorarbeiter. Spät erst in der sozialistischen Wirtschaftsgeschichte erhielt der Meister seine Würde und seine Führungsfähigkeit zurück.

Wir sind abgekommen und haben ein Stück Geschichte erzählt – das eben aber war Aufgabe des Brigadetagebuchs. Ein solches war meist ordentlich ledergebunden (sehr gern rot, gülden geprägt der Deckel) und enthielt viele blütenweiße Seiten. Da hinein nun waren die Erfolge, die Erfolge und die Erfolge der Brigade zu schreiben, ökonomische und kulturelle. Der Brigadetagebuchführer, der öfter eine Brigadetagebuchführerin war, bekam sogar ein paar Stunden frei, um in Schönschrift aufzulisten: »Wir erfüllten den Plan auch im dritten Quartal zu hundertundsieben Prozent, und Kollege Greiner-Müller hatte wiederum den größten Anteil daran. Sorgen macht uns unser Lehrling Conny, aber wir haben eine Patenschaft über ihn übernommen, damit seine Fehlschichten ein für allemal der Vergangenheit angehören.« Wer Phantasie hat und DDR-Brigaden von innen erlebte, kann daraus nun ganze Geschichten schöpfen. Den anderen wollen wir nicht zu viel Mühe bereiten, sondern nur andeuten, daß Brigadetagebücher vor allem das außerbetriebliche Leben der Brigade widerspiegelten: »Unser Brigadeausflug erfolgte in bewährter Weise ins schöne Schwarzatal, wo uns nach einem kräftigen Marsch, den die Kollegen Baumert und Henseleit aus fadenscheinigen Gründen ablehnten (Fußverletzung) und per PKW absolvierten, das Ziel erwartete. 15.20 Uhr trafen alle im Gasthaus ›Trippsteinblick‹ ein, wo die Kegelbahn bereits ›angewärmt‹ war. Mit fünf Abräumern gewann erwartungsgemäß Kollegin Müller, Elfie, was aber insofern nicht verwunderte, da sie mit der BSG Chemie Bezirksmeister im Kegeln ist. Danach stärkten wir uns alle an Rostbrätln, von Koll. Hase fachmännisch besorgt und gebraten, und am Bier, dem einige Kollegen wieder etwas zu heftig zusprachen. Um 22.00 Uhr kam der bestellte Bus zurück, so daß wir zusammenfassend feststellen können, daß die Organisation, die in den Händen unseres Gewerkschaftsvertrauensmannes Olberth, Frank, lag, nichts zu wünschen übrigließ.«

Vielleicht sollte man zu diesem Stücklein anmerken, daß BSG die Abkürzung für Betriebssportgemeinschaft war und sowohl Sport wie auch solche Brigadeausflüge großzügig alimentiert wurden: Die Zeit konnte herausgearbeitet werden, bis in die achtziger Jahre hinein galten solche Veranstaltungen auch als Arbeitszeit, und der Brigadier »schrieb dafür Durchschnitt«. Allseitig entwickelte Arbeiter sollten eben auch Kultur genießen – es gab dafür Punkte, die bei Prämien und im Ökulei eine Rolle spielten. Ich merke, es tut sich schon wieder eine ganze Anzahl böhmischer Dörfer auf – verschieben wir's nach hinten. Nur soviel noch: Es gab auch Brigadetagebuchvergleiche; manche Brigadetagebuchführer hatten literarischen Ehrgeiz und schrieben die Erlebnisse der Brigade so auf, daß sich hinten alles reimte. Schriftsteller leiteten dann wiederum die besten Brigadetagebuchführer an: »Zirkel Schreibender Arbeiter« und »Poetenseminare« grüßten im Staat der Organisationsvernetzungen von ferne – auch das sind andere Geschichten ...

Wer heute in da oder dort aufbewahrte Brigadetagebücher hineinschaut, erfährt nur einen ganz bestimmten Teil einer jeglichen Geschichte. Diese ist manchmal unfreiwillig komisch, manchmal ganz wunderbar komisch und meistens so halbfertig wie das ganze Leben.

Kreisleitung

Die Regeln für den Kreisverkehr sind kürzlich geändert worden. Man fährt blinkfrei in den Kreisverkehr; erst bei Ausfahrt wird rechts geblinkt. Dabei fällt mir ein Witz von 1968 ein, der möglicherweise in irgendeiner Kreisleitung erfunden wurde: Bei den Tschechen gibt es jetzt neue Straßenverkehrsregeln: links blinken, rechts fahren.

Dieses Stücklein Text muß Zugezogenen und Jugendlichen wahrlich böhmisch-tschechisch vorkommen: Kreisleitung und Kreisverkehr, falsches Blinken und 68?

Das Jahr 1968 war in der DDR nicht das Ausgangs-Jahr für gefährliche Frühstücke mit Terroristen, wohl aber verbog es manchen Lebenslauf. In Prag hatten Reformer das Sagen, doch im August begannen Sowjet-Panzer eine Konter-Reform. Wer sich hierzulande mit den Reform-Tschechen lautstark solidarisierte, dem konnten Abitur, Studienplatz, Auslandsreise, gar das normale freie Leben gestrichen werden. Den Reformern wurde unterstellt, sich nur verbal links zu gebärden, in Wahrheit scharf rechts zu steuern, gen Kapitalismus. Solches wurde in Zentren der DDR-Macht, in Kreisleitungen, verkündet.

»Kreisleitungen« waren nicht etwa staatliche Einrichtungen der Landkreise und Großstädte. Die hießen Oberbürgermeister oder Rat des Kreises. Kreisleitungen waren Machtorgane der SED. Der Chef hieß Erster Sekretär, kurz »Der Erste«. Landolf Scherzer hat einen solchen im gleichnamigen Buch porträtiert. Und wer ganz genau wissen will, mit wieviel Macht Erste ausgestattet waren, für welchen Popelmannskram sie aber auch zuständig zu sein hatten, sollte dies Buch, in tiefer DDR recherchiert, geschrieben und veröffentlicht, lesen.

Kreisleitung

»Das geht bis zur Kreisleitung hoch«, sagte man, wenn man von der Wichtigkeit eines Gegenstandes überzeugt war. Und von der Kreisleitung ging es »zum Bezirk«. Das letzte Stadium dieser Gottesanrufung war »bis Berlin«. Seit 1952, der Auflösung der Länder, war die DDR stramm zentralistisch eingeteilt: Hauptstadt, Bezirksstadt, Kreisstadt – nach dem Vorbild Frankreichs. Dabei waren große Landkreise zum Teil verkleinert worden, zwecks »Bürgernähe«, schon damals beliebtes Schwammwort. Artern, Ilmenau oder Hainichen wurden so zu »neuen« Kreisstädten – und mußten ihre Verwaltungswürden inzwischen allesamt abgeben.

Nichtkreisstädte und Gemeinden hatten das Nachsehen, ebenso wie zum Beispiel die thüringischen Nichtbezirksstädte Jena oder Meiningen, die Suhl und Gera immer nachgeordnet waren, trotz vergleichbarer Größe und Bedeutung.

Die Kreisleitung war ideologisches Standbein für den undemokratischen Zentralismus. So waren die Lokalseiten der Tageszeitungen auch »Organe der Kreisleitung«. Nicht umsonst traf sich Honecker gelegentlich mit allen Kreis-Chefs zu Mammutsitzungen, um die Linie vorzugeben. Übrigens war die Kreiseinteilung nicht nur territorial; Großbetriebe, wie Carl Zeiss, Agfa Wolfen und Universitäten hatten eigene Kreisparteiorganisationen.

Kreisleitungen saßen in mächtig-gewaltigen Leitungsgebäuden, inzwischen residieren dort manchmal Landkreisverwaltungen, öfter aber Banken und Finanzämter.

In den Kreisleitungen gab es eine der staatlichen Leitung nachgebildete Struktur. Der Sekretär für Wirtschaft galt nach dem Ersten Sekretär als mächtigster Mann. Natürlich Mann; Frauen waren fast so selten wie heute Oberbürgermeisterinnen und Sparkassendirektorinnen.

In den Kreisleitungen wurde zum Beispiel alljährlich ein »Apfelsinenbeschluß« gefaßt. Das bedeutete, wenn vor Weihnachten der Kreis seine Tonnage an Apfelsinen erhalten hatte, wann und in welcher Menge die Apfelsinen verkauft wurden. Das hieß dann pro Bürger, der sich angestellt hatte, zwei Kilogramm. Erstverkauf: 6. Dezember – oft auch Letztverkaufstag.

Wer »bei der Kreisleitung«, und sei es als Fahrer, arbeitete, sollte möglichst Vorbild sein und nur »positive« Witze wie jenen von linksblinkenden und rechtsfahrenden Tschechen machen; wahrscheinlich hielten sich die wenigsten daran. Als im Oktober 89 immer mehr »Dokumente«, also SED-Parteiausweise, in den Kreisleitungen auf die Tische geknallt wurden, sah man, daß auch in dieser gefürchteten Instanz eigentlich nur furchtsame Menschen saßen. Die nun in den Kreisverkehr von Versicherungsvertreter, ABM und Arbeitslosigkeit gerieten.

Neulich allerdings sah ich einen einstigen Ersten in vorderster Front. Auf der Auszeichnungsliste für fähige Wirtschaftsmanager.

Ochsenkopf

Es ist noch nicht lange her, liebe Kinder, da kam das Fernsehen nicht aus einem Stecker in der Wand. Auch Empfangsschüsseln waren unbekannt. Hingegen thronte über den Dächern ein Antennenwald. Ihr wißt, liebe Erwachsene, die ihr physikalisch gebildet seid: horizontal angeordnete Aluminiumstangen (Reflektoren) verstärken die am Antennenkopf befindliche Empfangsschleife; je mehr solche Stangen wie quergelegte Leitern in die Gegend ragten, desto besser sollte der Fernsehempfang sein. Natürlich mußte die Antenne fein auf den fernen Sender ausgerichtet sein. Dazu schrie unten am Apparat die Mutti »Besser! Besser! Schlechter! – Jetzt ist wieder alles Nebel ...«, während Vati oben auf dem Dach verzweifelt die Antenne herumschwenkte und Mutti anbrüllte, weil sie zu dumm war, »gut« zu sagen.

Nun gab es in jenen fernen Fernsehzeiten, in denen noch niemand Tieh-Wieh sagte, nicht nur das einfache Fernsehen, sondern auch Westfernsehen. Das einfache Fernsehen war DDR I und später DDR II – sogar in SECAM-Bunt – das Westfernsehen war einfach das Westfernsehen. In Berlin kam es aus Westberlin und in Magdeburg aus Richtung Brocken. Für das östliche Thüringen und das große weite Sachsen aber, das ab Dresden zum Tal der Ahnungslosen wurde, stand der Sender auf einem friedlichen, oberfränkischen Berg namens Ochsenkopf. Die von dort verbreiteten Nachrichten, daß Braten dank Resi-Schmelz gut geraten und Franz Josef Strauß in überhaupt keine Rüstungsgeschäfte verwickelt war, wurden speziell ausgestrahlt. Sie konnten nur mit vertikalen Aluminiumstangen empfangen werden: An den vier gen Himmel ragenden Spitzen sah nun jeder, wer seinen Fernseher, also Aug und Ohr, dem Klassenfeind lieh. Die speziellen Westantennen hießen folglich Ochsenköpfe. Das klang ja schon uneinsichtig, hinterwäldlerisch, ewiggestrig. Dem Fortschritt verschlossen. Im volkseigenen Handel waren solche Antennen nicht zu kaufen, sondern nur die Einzelteile dazu. Aber das DDR-Volk war eine Bastler-und-Tüftler-Gemeinde. Damit zwar der gute Nachbar neidisch wurde, aber der böse, der petzende Nachbar offiziell nichts ahnte, wurde der Ochsenkopf unterm Dach montiert, was wiederum zwar die Empfangsqualität minderte, aber den Ruf, gehorsamer DDR-Bürger zu sein, bestärkte. Wer seinen Ochsenkopf frech zeigte, dem konnte es in den fünfziger und frühen sechziger Jahren passieren, daß man ihm aufs Dach stieg. Stramme FDJler rupften die Werkzeuge des Klassenfeinds herunter, was allerdings auch nach DDR-Gesetz nicht erlaubt war. Eine Grauzone, grau wie damals das Fernsehbild.

Auch andere Grauzonen gab es für das Schwarz-Weiß-Denken des Kalten Krieges. Auf den Weißen Hirsch zu Dresden zum Beispiel gelangten nur Reststrahlungen des imperialistischen Ochsenkopf-Senders wie auch des Frontstadt-Studios. (Westberlin hieß »Frontstadt«, weil es ein Pfahl im Fleisch des Sozialismus war.) Auf dem Weißen Hirsch aber wohnten wichtige Menschen, wie beispielsweise die sozialistische Forscherpersönlichkeit Manfred von Ardenne. Der durfte und mußte natürlich – zu Forschungszwecken – Westfernsehen haben. Also stand ein riesiges Antennengezweig mit vielen Verstärkern hoch droben. Auch ein gewisser Karl-Eduard von Schnitzler mußte dienstlich Westsender sehen. Er machte aus dem

Gesehenen dann seinen »Schwarzen Kanal«, eines der aus heutiger Sicht lustigsten und manchmal auch wahrhaftigsten »Formate«, wie man damals noch nicht sagte. Der Schwarze-Kanal-Vorspann zeigte, unter verfremdeten Tagesschau-Klängen, wie auf eine redliche Ostantenne der böse Bundesadler, in Schnitzlers Sprache der Pleitegeier, aufsprang.

Das für manche Berufe (Polizisten, Offiziere, Lehrer) offizielle, für andere inoffizielle Westfernsehverbot weichte zusehends auf. In den achtziger Jahren waren DDR-Nachrichten manchmal nur dann verständlich, wenn man sich auch im Westen informiert hatte. Die kargen Signale an der Antenne wurden in quasi kollektiven Verstärkern nutzbar gemacht und ganze »Antennengemeinschaften« richtig offiziell dazu gegründet. Private Ochsenköpfe standen nutzlos auf den Dächern herum.

In alten Romanen, liebe Kinder, zum Beispiel in »Die Westmark fällt weiter« von Onkel Erich Loest, erhebt der Ochsenkopf manchmal noch sein klassenfeindliches Haupt. Ansonsten aber ist er heute wieder nichts anderes als einst: Ein friedlicher fränkischer Berg.

Strasse der Besten

■ Bertolt Brecht, der 1956 gestorbene Dichter und künstlerische Leiter des »Berliner Ensembles«, war gelegentlich harsch in seinen Anweisungen. So entschied er einmal die Entlassung eines unfähigen Mitarbeiters. Aber, wandten seine Berater ein, man kann den Mann doch nicht auf die Straße setzen? – Warum nicht?, entgegnete Brecht, unsere Straßen sind gut.

Man sieht an dieser Anekdote, daß Brecht nicht die Straßen der siebziger und achtziger Jahre in der DDR kannte. Die waren holprig, mit schlechtem Bitumen ausgebessert; manche Ortsverbindungsstraßen bestanden nur aus sogenannten »Panzerplatten«, Betonelemente, die das Fahren zu einer sprunghaften Angelegenheit machten. Die schlechten Straßen hingen natürlich mit fehlendem Importmaterial zusammen – die DDR war ja ein Selbstversorgungsland. Alles sollte aus eigener Kraft geschafft werden; eine Ideologie, die etwas für sich haben mag und womöglich bis heute in Nordkorea gepflegt wird. Auf Asien komme ich gleich noch mal zurück.

Damit das Selbstversorgungsland funktionierte, sollten die Arbeiter in den Betrieben und die Angestellten in den »Einrichtungen«, die allesamt »Werktätige« hießen, heftig arbeiten – der Lohn allein als Anreiz schien nicht genug. Die beste Arbeiterin, der durchsetzungsfähigste Leiter, die freundlichste Verkäuferin mußten auch öffentlich gewürdigt werden. So verfiel man auf die Idee, Fotos der besten Mitarbeiter nebeneinander an zentraler Stelle im Betrieb aufzuhängen. Hintereinander plaziert, abwechselnd rechts und links zum Beispiel in langen Fluren oder, wie heute, Wahlplakate an Stangen aufgehängt, hieß das Ganze »Straße der Besten«. Der beste Meister lächelte von dort herab und die beste Maschinenfahrerin oder auch die zehn besten Edelstahlschmelzer des Quartals. Darunter waren gelegentlich ihre Leistungen in Mark, Kilogramm oder Stückzahlen vermerkt; manchmal auch Aussprüche, die von den »Besten« stammen sollten und andere, noch nicht Beste, mitzureißen hatten: »Ich liefere nur gute Qualität«, hieß es da, oder »Volle Ausnutzung der Arbeitszeit – das ist mein Beitrag zum Jahrestag der DDR«.

Die Sprüche stammten oft vom Betriebszeitungsredakteur, der sie auf Anweisung der Betriebsparteileitung erdacht und den jeweiligen »Besten« in den Mund gelegt hatte. Großbetriebe leisteten sich eigene Betriebszeitungen und natürlich großbetriebliche, also umfängliche SED-Parteileitungen.

Man darf sich ruhig vorstellen, daß die aus ihren Fotos herauslächelnden Besten bei ihren Kollegen, in ihrem »Kollektiv«, wie man sagte, nicht immer etwas zu lachen hatten. Gelegentlich waren sie Anlaß für Spott, gutmütigen, wie ich doch hoffe. Wenn das Foto für die Straße der Besten mit »materieller Zuwendung«, einer »Prämie«, also einem Hunderter verbunden war, mochte es ja angehen. Aber nur so zwecks Auszeichnung und Ansporn in der »Straße der Besten« rumhängen ...? – Manche Kollegen konnten nicht nur gutmütig, sondern auch bissig sein. Doch wenn der Ausgezeichnete ein braves Mitglied der Arbeiterpartei, wie sich die SED auch nannte, war, mußte er eben seinen Kopf öffentlich hinhalten. Übrigens sieht man heute in Kaufhallen, die jetzt Supermärkte heißen, ebenfalls Fotos der Mitarbeiter: »Ich bin für Sie da« heißt es darunter oder sogar »Beste Verkäuferin des Monats«.

Vor gar nicht langer Zeit sah ich wieder eine Reihe von Fotos in einem Betrieb. Da der Betrieb in Japan stand und ich das Japanische leider noch nicht beherrsche, bat ich um Übersetzung der darunter stehenden Schriftzeichen: Ei, sagte der führende japanische Betriebsleiter, dies ist unsere »Straße der Besten«. Wir arbeiten nicht nur mit leistungsgerechter Entlohung, sondern auch mit Lob und Tadel. – Und wie, fragte ich so höflich, wie man in Japan fragen muß, wie tadeln Sie ihre Mitarbeiter? Nun wir tadeln sie nicht, sondern wir loben sie einfach nicht ausdrücklich. Sie bekommen keinen Platz auf der »Straße der Besten«. Dies ist Tadel genug, und die Mitarbeiter werden sich anstrengen, um bald auch gelobt zu werden.

Tja, dachte ich versonnen, so weit in die DDR hinein hatte die asiatische Methode denn doch nicht gereicht. Vielleicht aber hätte deren Anwendung die Weltgeschichte oder doch die mitteleuropäische oder zumindest manche Betriebsgeschichte in der DDR verändert? Aber das Experiment ist ja nun mal abgeschlossen und wird vorerst wohl nicht wiederholt werden.

Firma

■ »Ich versteh dich nicht!« – »Nein, ich, ich verstehe dich nicht!« – »Du sprichst nie aus, was du denkst!!« – »Und du benutzt Begriffe, die ganz was andres meinen!!!« So könnte der Dialog scheidungswilliger Eheleute aussehen. In deutsch-deutschen Aussprachen, die nicht nur zwischen Ost und West, sondern auch zwischen ehemals 68ern und neuen Vergangenheitsüberwältigern ablaufen, geht es ähnlich unverstanden, also unverständlich zu. Da werden Begriffe wie »Schweinesystem«, »revolutionäre Wachsamkeit«, »Häuserkampf« oder »Demokratieverständnis« mit unterschiedlichen Inhalten gefüllt: Man versteht einander nicht.

Das liegt an gewendeten Wendungen. In der DDR ging man »in den Betrieb« oder »auf Arbeit«, seltener »ins Büro« und eigentlich nie »in die Firma«. Heute geht man nicht mehr in den Betrieb, weil der Betrieb nur noch als »Arbeitsbeschaffungsmaßnahme« existiert, und »auf Arbeit« geht man nicht, weil keine Arbeit da ist, sondern nur »Werterhaltungsmaßnahmen«. Jetzt »schafft« man auf »dem Service-Sektor«, »absolviert eine Bildungsmaßnahme«, doch wer hierzulande sagt, er ginge zur »Firma«, wird manchmal schräg angesehen.

»Firma« war – ein – Synonym für Stasi; die jeweilige »Dienststelle des Ministeriums für Staatssicherheit« hieß so. Es gab keinen »Staatssicherheitsdienst«, auch wenn die Gauck-Birthler-Behörde heute vom »ehemaligen Staatssicherheitsdienst« spricht, weshalb »der Stasi« im weltfernen Bayern noch immer Sprachgebrauch ist. Der »Sicherheitsdienst« wurde mit SD abgekürzt und war üblich im nazideutschen Sprachgebrauch. »Spitzel«, »Achtgroschenjunge«, »Lauscher« oder neutral »Berichterstatter« wurde in verschiedenen Zeiten von verschiedenen Leuten gesagt. Merkwürdig aber war immer, daß keine Beobachtungsbehörde mit der feindlichen verglichen werden wollte: Hießen die eigenen Spione »Kundschafter«, waren die fremden »Spitzel«, und die gegenwärtigen Behörden möchten »Mitarbeiter« bestenfalls »V-Leute«, niemals »Schnüffler« nennen. Aus dem einstigen Begriff »Horch und Guck« für die Firma machte das Stasi-Opfer Jürgen Fuchs in einem Buchtitel »Horch und Gauck«.

Methoden aller »Firmen« der Welt sind möglicherweise gleich. Behauptete man zu DDR-Zeiten aber dies von Stasi und CIA, so war man Feind und wurde »zersetzt«. Wer hingegen heute von CIA-Mitarbeitern als »Spitzeln« spricht, wer die amerikanischen »Geruchsproben« »menschlicher Sicherheitsrisiken« mit den »Geruchsproben« der Stasi von »Bürgerrechtlern«, die in damaliger Amtssprache »feindlich-negative Elemente« hießen, vergleicht, ist ein Beschöniger des Schweinesystems, was in diesem Fall die SEDSchrägstrichDDR meint und nicht die Große Koalition 1968.

Schwierig ist folglich jede rein sprachliche Vergangenheitsbewältigung. Gewiß war es Verniedlichung, daß wir in den späten Siebzigern die Stasi zum Beispiel kabarettintern »Büro Müller« nannten. Wir hätten sie »Menschenfeinde« oder »Spitzelbrut« nennen müssen, aber wir ignorierten sie ironisch, zumal größeres Ungemach als von der Stasi uns vom Rat des Bezirkes oder der Bezirksleitung der SED zu drohen schien, gar von jenen »wachsamen Genossen«, die ungefragt unsere Programme »oben« denunzierten – nein, damals hieß die Denunziation »Mitteilung eines besorgten Bürgers«. Wie nun hießen Informationen braver Bundesbürger, die im Nachbarhaus RAF-Terroristen vermuteten, weil »langhaarig und zigeunerisch«? Das waren keine Spitzelberichte, sondern wertvolle Tipps. Nein, damals »Tips«.

Tips wollten damals zwei Menschen mit Ausweisen von mir. Ganz kameradschaftlich. Ich plauderte aus, daß sie bei uns »Büro Müller« hießen. Sie lachten sehr verkniffen und teilten dann sehr ernst mit, daß mein Name auf einer Liste von potentiellen CIA-Agenten gefunden worden sei. Ob ich mir vorstellen könne, wie ich dahin gekommen sei? Ich konnte nicht. Aus dem »kameradschaftlichen Verhör« dazu aber fertigten die Leute von der Firma einen langen, sehr geheimen Bericht, in dem sie mir Wortungeheuer in den Mund legten, die ich bis heute nicht beherrsche. Hingegen war ein Kollege, den jene »Firma« damals als »Informant für die Gegenseite« verdächtigte – was sie ihm unbedingt beweisen wollte und nicht konnte – tatsächlich für eine Firma, die damals und heute CIA heißt, berichterstattend tätig. Woran wir erkennen, daß »Firma« wahrlich neutral ist; die »Sieger der Geschichte« machen aus ihren jeweiligen Mitarbeitern »Kundschafter« oder »Zentrale Intelligenz-Agenten«, während die unterlegene Firma »Spitzel« oder »Klassenfeinde« beschäftigte. Alles aber dient wertneutral immer nur der »Aufklärung« – wie dieses Büchlein.

EVP

Kannst du dir ein Land vorstellen, in dem du für eine Mark und dreiundvierzig Pfennige einen Bleistiftanspitzer kaufst und einen Würfel Margarine »Sonja« für fünfzig Pfennige? Dann fährst du weit übers Land, dreihundert Kilometer südlich, gehst in einen Laden und findest dort für eine Mark und dreiundvierzig Pfennige exakt den gleichen Bleistiftanspitzer und für exakt fünfzig Pfennige den Margarinewürfel. Und wenn du dich wieder in dein Auto schwingst, so du eines besitzt, und getankt hast, so du eine offene Tankstelle gefunden hast, und fährst zweihundert Kilometer gen Osten und findest dort in einem Laden wiederum für genau eine Mark und dreiundvierzig Pfennige ... sparen wir uns den Rest.

So wie der US-Amerikaner überall in seinem Land die selbe Fastfoodkette mit gleicher Ausstattung und exakt gleich schmeckenden (also nichtschmeckenden) Trokkenfleischscheiben in Weichbrötchenhälften findet, so fand man einst zwischen Greifswald und Dingelstädt, zwischen Ludwigslust und Oberoderwitz die immergleiche Preisauszeichnung. Den EVP, was für Einzelhandelsverkaufspreis stand und Endverbraucherpreis bedeutete.

Es gibt hierzulande noch ein Festpreis-Relikt: Die »Buchpreisbindung« – jedes Buch kostet, ob im Buchhaus, beim kleinen feinen Spezialbuchhändler oder in der Schreibwarenecke, genau die im Verlagskatalog angegebenen 9,80 Euro. Allerdings gibt es inzwischen genügend Möglichkeiten, diesen Preis »aufzuheben«, sprich, Buchbestände zu »verramschen«, offizieller Begriff für den Umgang mit dem Kulturgut Buch.

Hier nun EVP in kleiner Auswahl. Man darf meine

Preisangaben mit ungläubigen Ausrufen begleiten: »Was so billig!« oder »Das war doch damals nicht so teuer!« Die Preisangaben erfolgen in Mark (M), was damals DDR-Mark waren, die eine Zeitlang auch MdN (Mark der Deutschen Notenbank) hießen.

Eine Tüte Mehl, exakt 1060 Gramm, kostete 1,32, eine 160-Gramm-Dose »Sild in Tomatenöl« kam 1,55. Ein Ei, Sorte B, frisch, kostete 34 Pfennige, die Flasche Vollbier (11,5% Stammwürzgehalt) – drei dieser Flaschen ergaben einen Liter – kostete 0,48, weshalb man den Flaschenöffner auch »Achtundvierziger« nannte. Ein Liter Trinkmilch (2,2% Fettgehalt) kostete im »Schlauchbeutel« 0,66. Das Kilo Bohnenkaffee belief sich auf 70 Mark (in Worten: siebzig); fünfzig Gramm Tee aus dem »Teehaus Spezial« kamen 1,20. Der als »Goldi« noch heute bekannte Goldbrand machte pro Nullsiebenerflasche vierzehnfuffzich, was der einstige Liedermacher Stefan Körbel in einem noch heute anhörenswerten Lied besingt.

Ein Kinderbett mit Gitter und Matratze bekam man für 86, einen Plasteeimer von 10 Litern wurde überall für 8,80 angeboten; eine Damenstrumpfhose kostete 14,–, die Schachtel Streichhölzer war nicht für umsonst, wie heute in allen besseren Hotels, sondern für zehn Pfennige zu haben, und ein Waschvollautomat kostete 2300 Mark. Eine Garnitur Bettwäsche (Baumwolle) gab es für 65,90, so es sie denn gab, denn auch hier müßte man wieder eine ganze Geschichte erzählen, die zum einen das Wort »Engpaß« enthielte und zum anderen über Flucht-Ballons aus Bettwäsche Wahres und Unwahres berichten müßte. Bleiben wir bei den EVP, die als GVP, als Gaststättenverkaufspreise ebenfalls fest waren. Hier muß ich aus dem Gedächtnis zitieren, während mir bei Kaffee- und Kinderbettpreis das Statistische Jahrbuch der DDR half. Mein Gedächtnis weiß: Ich habe mal gekellnert. Hat es noch die Preise nach dreißig Jahren im Kopf? M. E. kostete in der Preisstufe I (Dorfkneipe, einfaches städtisches Bierlokal) ein schlichtes Glas Bier (0,25) vierzig Pfennige, in der Preisstufe II (Tischdecken, Bedienung mit Kellnerjacke) kosteten fast alle Schnäpse (2 cl) 55 Pfennige, lediglich besserer Wodka 0,60.

Bleiben wir nicht am Schnapsglas hängen, sondern hängen wir uns wieder an Abkürzungen. Neben dem EVP gab es auch den GHP, den Großhandelspreis, der im allgemeinen etwas niedriger war, während der IAP, der Industrieabgabepreis oft höher als der EVP war, denn Betriebe sollten den wahren Preis zahlen, während Bevölkerungspreise, eben EVP, niedrig gehalten wurden. Um die berühmten Bäckerbrötchen für fünf Pfennige und das Zweipfundbrot für 0,52 Mark wissen heute oft auch Zugezogene und Jugendliche. Und da wir jetzt in Euro ausgezahlt werden, dürfen Nostalgiker seufzen: früher hatten wir doppelt so hohe Löhne ...

Bonzenschleuder

Wenn der gute Onkel Hartmut Mehdorn von der Eisenbahn uns Märchen von seiner Aktiengesellschaft erzählt, die bald übergeschwind in schwarzen Zahlen mit neuen Rabattsystemen durchs Land fährt, während alle Menschen mit guten Löhnen und Gehältern bald nur noch ganz reelle Preise für ihre Beförderung bezahlen, schauen wir in die märchenhafte Geschichte:

Damals also gab es ein Land, das hatte viele altersschwache Dampfloks, die allerdings gußeisern ihre Dienste über Jahrzehnte hin taten. Das Land hatte auch eine ganze Menge Schienen, die seit Jahrzehnten herumlagen und deshalb schon eine Menge Verkehr ausgehalten hatten. Das Land war, wie man so sagt, weit in der Fläche erschlossen. Sogar allerlei Schmalspurbahnen gab es, und in welchem Dorf auch immer eine solche Bahn ihren Endpunkt hatte, ob in Grünstädtel oder Katzhütte, in Ellrich oder Großrückerswalde – immer kostete der Bahnkilometer acht Pfennige. Und wer Student oder täglich fahrender Arbeiter war, bezahlte nur zwei Pfennige oder weniger.

Das Land war aber zentralistisch. Alle wichtigen Menschen mußten allmonatlich und manchmal auch wöchentlich nach Berlin. Und weil es nicht so viele Autos wie heute gab, fuhren fast alle Bahn. Aber die Bahn bummelte – wegen der großen zu erfahrenden Fläche. So beschloß man, daß wichtige Leute vor allem in den wichtigen Bezirksstädten saßen und von dort schnell nach Berlin kommen mußten. Folglich wurden Schnellverbindungen von allen Bezirksstädten nach Berlin eingerichtet. Die kosteten ein bißchen mehr Zuschlag. Dafür fuhren sie auch etwas schneller. Und so konnte man nun morgens halb sechs in seiner Bezirksstadt in den Zug steigen und war noch vor zehn in Berlin, wenn nicht gerade Verspätung angesagt war. Die wurde oft angesagt, und fast so oft wurde sie auch nicht angesagt – um die Menschen nicht zu beunruhigen.

Kurz, diese etwas schickeren, etwas schnelleren Züge waren nun allmorgendlich voller bedeutsamer Menschen. In China heißen dicke Menschen, die nicht richtig arbeiten, aber wichtig tun, Bonzen. So nannte das spottende Volk die Wichtigtuer auch in der DDR Bonzen. Die Züge, die morgens nach Berlin fuhren und abends, also ca. halb vier, wenn die Berliner Büros schlossen, wieder zurück, waren folglich Bonzenschleudern. Die Bonzenschleudern hatten klangvolle Namen, zum Beispiel »Rennsteig«, wenn sie von den grünen Hügeln Thüringens herabkamen, oder »Bördeland«, wenn sie in Magdeburg begannen. »Elbflorenz« hieß die Dresdner Bonzenschleuder und »Petermännchen« die Schweriner. Die schönen Namen, die Onkel Mehdorn und seine Vordenker den ICs und ICEs gaben, hatten also auch ihre östlichen Vorgänger.

Während normale Züge, die damals alle »Reichsbahn« hießen, obwohl das deutsche Reich längst untergegangen war, vor allem Wagen zweiter Klasse führten, gab es in den Bonzenschleudern manchmal zur Hälfte Erster-Klasse-Waggons. So gesehen war die Klassenfrage in der DDR gelöst – der Erstklassige bezahlte statt acht 11,6 Pfennige pro Kilometer und bekam diese von seiner »Dienststelle«, die »Partei« oder »staatliche Leitung« oder »Kombinat« oder vielleicht auch bloß »Akademie der Künste« hieß, wieder.

Bonzenschleuder

Natürlich fuhren auch ganz normale Leute mit den Bonzenschleudern. Weil man in Berlin nämlich Dinge einkaufen konnte, die es in flachen Reichsbahnlanden nicht gab: H-Milch, Ananasbüchsen, Fußbodenlack, frisches Obst, Tomatenketchup, Schlagbohrmaschinen. All diese köstlichen Dinge reisten nun mit den frühabendlichen Bonzenschleudern von Berlin bis in die tiefe Provinz.

Seid Ihr traurig, daß es so was Schönes wie die Bonzenschleudern nicht mehr gibt? Ach, wenn demnächst die ICE-Strecke von Leipzig via Erfurt gen Nürnberg eingeweiht wird, dann werdet Ihr Ähnliches erleben. Da können dann gute Menschen in Nürnberg wohnen und in Erfurt oder Leipzig ihr Beamtengehalt abholen. Und der Zug fährt so schnell durch die Landschaft, daß die Bonzen nicht die gräßliche Gegend zwischen Leipzig und Nürnberg sehen müssen, sondern schnell von Palast zu Palast kommen.

Merkt Euch aber, liebe Kinder: solche Vergleiche sind unhistorisch. Bonzen gab es in China und Bonzenschleudern in der DDR. Heute hingegen können alle reichen Menschen bequem und schnell reisen.

Vitamin B

»Ich mach mir'n Kopp«, sagt der nuschelnde Deutsche, und der Ausländer, der korrekt Zuwanderer heißen müßte und so gern richtig Deutsch spräche, übersetzt dies in sein skurriles Slawisch-Balkanisch. Bei nächster Gelegenheit kommt der Fremde mit folgendem Satz zu Stuhle: »Ich herstelle für mich ein Frischgehirn.« Dann wundert er sich, weil alle sich wundern, was für seltsame Sätze die Spätaussiedler in ihren Deutschkursen so beigebracht kriegen. Dabei handelt es sich doch nur um neue Redensarten, die alte Mitteilungen umschreiben: »Ich denke nach«, wird selbst dann kaum noch verwendet, wenn jemand sich wirklich einen Kopp zu machen gedenkt. Im Englischen sind solche umschreibenden Idioms Legion, weshalb es besonders komisch wirkt, wenn Deutsche das lässige Amerikanisch für neue News und informelle informations benutzen möchten, aber dann doch nur die Herstellung von Frischgehirnen verkünden. Es ist nämlich alles eine Frage der Beziehung, die man zur Sprache hat, wie schon Dr. Marx vom Reichtum des Menschen, der sich im Reichtum seiner Beziehungen verkörpere, meinte ... Sie merken, lieber Leser, ich bin endlich bei dem angekommen, wovon ich reden will, bei den Beziehungen, wofür es einst die Sprachform »Vitamin B« gab.

So lange, wie ich jetzt, mußte man früher mindestens herumreden, also »anfüttern«, bevor man darauf zu sprechen kam, was man eigentlich wollte: einen neuen Auspuff, eine alte Kommode, eine Befürwortung für Koks, einen Urlaubsplatz bei den Tschechen oder Rinderlende für die Familienfeier. Der Mangel an Vitamin B zeigte sich in glanzloser Haut, brechenden Fingernägeln und

Übelkeit, der Mangel an »Vitamin B(eziehung)« zeigte sich überhaupt in allgemeinem Unwohlsein.

In einem Land, wo die Ware-Geld-Beziehung empfindlich gestört ist, also für Geld weder die Waren noch die Dienstleistungen zu haben sind, die man zu brauchen glaubt, regelt die persönliche Beziehung alles. Da wird Rinderlende gegen Auspuff getauscht (mit Wertausgleich) und der Urlaubsplatz an der Ostsee gegen eine Befürwortung bei einem »Verwandtwortlichen«, der über die Belieferung von Privathaushalten mit dem Koks-Kontingent verantwortlich, also verwandtschaftlich entscheidet. Solche gestörten Ware-Geld-Beziehungen gibt es meist in Ländern mit Planwirtschaft, wie die DDR eines war. Ganz allgemein aber herrschen Beziehungen vor in Ländern ohne Überfluß, in denen die meisten Menschen großfamiliär leben.

Das eben genutzte Wort »Koks« war früher nur sehr selten Synonym für ein bestimmtes Rauschgift; mit Koks wurde ein nach BHT-Verfahren (siehe DDR-Chemielehrbuch für die 9. Klassen der allgemeinbildenden polytechnischen Oberschulen, Stichwort »Rammler/Bilkenroth«) aus Braunkohlenbriketts hergestellter hochwertiger Heizbrennstoff bezeichnet, der für den Betrieb von Zentralheizungen günstig bis notwendig war. Aber nur beglaubigte Antifaschisten beziehungsweise deren Kinder und Kindeskinder erhielten solchen Koks antragfrei. Die anderen mußten nachweisen, daß a) ohne Koks die Raumtemperatur dauerhaft unter vierzehn Grad absinke oder b) man im Jahr zuvor auch schon Koks erhalten hatte oder c) man als ehemaliger Bergmann Anspruch auf ein Koks-Kontingent habe oder d) »andere dringende Gründe« vorlagen. Die anderen dringenden Gründe hießen zum Beispiel »Vitamin B«.

Ohne Beziehungen bekam jeder Schulabgänger eine Lehrstelle. Wollte man aber wiederum eine besondere Lehrstelle (Instrumentenbauer, Friseuse), war »Vitamin B« günstig bis nötig.

Daraus sehen wir, daß »Vitamin B«, welches gelegentlich noch Beziehungen, meist aber Konnektschns (schreib: connections) heißt, heute wichtiger denn je ist. Dabei geht es allerdings selten um kleine Fische, wie frische Fische, obwohl die Konnektschns zu einem sportfischenden Bürger (veralt.: Angler) auch da günstig sein dürften; es geht bei den Beziehungen neuen Typus, bei denen man sich »eine lein« (schreib: line) aufbaut, um Baugenehmigungen, Gewerbeförderung, Ausnahmeanträge oder auch ganz schlichte Autobahnraststätten und Mineralölvertriebslizenzen. Diese wiederum können bei den Partylöwen entsprechender klapps (schreib: lions club) ergattert werden; gültiges Geld beziehungsweise Genußanteilsscheine in größeren Mengen können heutzutage aber fast jeden »Vitamin-B«-Mangel beheben. Wer statt eines Reichtums an Beziehungen nur schlicht Reichtum sein eigen nennt, muß mithin relativ selten für sich ein Frischgehirn herstellen.

Poetenseminar

Neben dem Hervorbrechen anfallartiger Geschlechtsliebe, die mit »Pubertät« umschrieben wird, machen viele Menschen Perioden von Schreibanfällen durch. So, wie der Pubertäter seine Pickel ausdrücken muß, müssen diese sich inhaltlich-formal ausdrücken: durch meist kurze Zeilen, untereinandergeschrieben. »Poesie« nennt man ein solches. In gebundene Alben (weiches Leder, purpurroter Samt oder schlicht modern-glatte Plaste) schrieben sich früher vor allem Schülerinnen gegenseitig Sprüche hinein; nannten die Alben »Poesiealbum«, kurz »Pohsie«. Eigenhändig verfertigte »Pohsie« war natürlich die Krone jugendlicher Schöpfung.

Nun ist der Schreibtrieb oft schon Kindern eigen: Kaum können sie aus Buchstaben und Silben Wörter formen, fabulieren sie ganze Abenteuerromane in meist abenteuerlicher Rechtschreibung. Daß auch ausgewachsene Bürger sich schreibend selbstverständigen, durch Liebesbriefe, Urlaubsnotizen und Entwicklungsromane, hat im Laufe der Geschichte zur Literaturindustrie geführt, deren bislang höchstes und letztes Stadium die Frankfurter Buchmesse mit ihrem Vor- und Nachläufer Leipziger Buchmesse ist.

Schreibanfänge aber liegen in der Jugend. Das erkannte vor über dreißig Jahren die DDR-Jugendzeitung »Junge Welt« und deren Redakteur Hannes Würtz. In einer Rubrik »Poetensprechstunde« konnten Leser versuchen, ihre Verse veröffentlichen zu lassen. Im tiefen Thüringen, in Unterwellenborn, lebte zu dieser Zeit auch ein Lehrer, der über den Schreibfleiß sozialistischer Kinder- und Jugendpersönlichkeiten promovierte: Er sammelte die Zeugnisse des Poesiewillens junger Leute. Mit

Hannes Würtz gab dieser Dr. Edwin Kratschmer später Anthologien »Offene Fenster«, mit dem Untertitel »Schülergedichte«, heraus: erstaunliche Talentproben.

Die DDR war ein Land systematischer Förderung; ganz ideologiefrei wollen wir das brav feststellen. So, wie in Schulen beste Bodenturntalente und Schwimm-Franzis herausgesiebt wurden, so wollte man auch dichterische Potenzen entdecken. Man hätte schon damals wissen müssen, daß sportliche Leistungen weitgehend unpolitisch in Zentimeter und Sekunden dargestellt werden können. Literarische Leistungen hingegen, wenn sie denn herausragen, stellen immer auch ihre Ursprünge in Frage. Ein Schriftsteller, um so mehr eine Dichterin, wird, um sich gedruckt zu sehen, durchaus gern Kompromisse machen, damals wie heute. Obwohl ein gewisser F. Freiligrath (Poet) schrieb: Der Dichter kämpft auf einer andern Zinne als die Partei.

Die in der DDR herrschende Partei und ihre Jugendorganisation begann die Bewegung junger Schreiber zu kanalisieren: Im »Zentralen Schweriner Poetenseminar der FDJ« wurden seit 1970 alljährlich im August etwa hundert Talente zusammengefaßt. Ein der Partei treu & bieder ergebener, aber lebendig-lustvoller Literaturlehrer namens Dr. Reinhard Weisbach führte das Zepter; die Würtzschen und Kratschmerschen Vor-Arbeiten wohl bedenkend. Mit etwa zehn Seminarleitern, bekannten Schriftstellern der DDR wie Günter Deicke oder Martin Viertel, später auch Karl Mickel, Volker Braun, Brigitte Struzyk, Steffen Mensching oder dem Autor dieser kurzgefaßten DDR-Verklärung saß man eine Woche lang in Seminargruppen beisammen: Manuskriptdiskussion war vorrangig, daneben Vortrag, Lesung, Betriebsbesuch und Absolvierung langer Trink-, Rede- und Liebesnächte. Dichterpärchen fanden sich sonettbekränzt und trennten sich farcenhaft. Die Organisation ging alsbald in Breite und Tiefe: es gab Spezialseminare und lokale Treffs; also Bezirks- und sogar Kreispoetenseminare. Entgegen heutiger gschamiger anderslautender Berichte waren erstaunlich viele der DDR entstammende Autoren mal beim Poetenseminar: Thomas Rosenlöcher, Kerstin Hensel, Lutz Rathenow, Richard Pietraß, Mathias Wedel, Annett Gröschner, Uwe Kolbe ... auch andere heute Prominente wurden einst poetengefördert: die Theaterleute Manuel Schöbel und Holger Teschke etwa, die Politiker André Brie und Hans-Jürgen Döring oder der Kabarettist Ulf Annel. Es war eine Talenteschmiede, deren Protagonisten ihre Ursprünge kritisierten: tief und unerbittlich von draußen, wie der verstorbene Jürgen Fuchs, oder lustvoll-sarkastisch im Lande, wie das Duo Wenzel/Mensching.

Warum gibt es das Poetenseminar nicht mehr? Weil ihm DDR-Makel anhängt?

Es ist schon noch da, wenn auch unter anderen Namen. Der Berliner Literaturwettbewerb, das »Junge Literaturforum Hessen-Thüringen« und auch die von Hamburg bis München stattfindenden »Poetry-Slams« sind vergleichbar, nicht gleichzusetzen. Denn poetisches Feuer in jugendlichen Brüsten ist unauslöschlich.

Trasse

Man sollte gelegentlich nachdenken, welche Bedeutungen Wörter in der Zukunft haben könnten. »Trasse« als Synonym für eine knackige Frau? Eine verlockende Geschäftsbeziehung? Ein Verhandlungsdurchbruch?

In den siebziger und achtziger Jahren des vergangenen Jahrhunderts rief die Mitteilung »Ich geh an die Trasse!« nicht selten die Reaktion: »Ach, an die BAM!« hervor. Dabei hatten »Trasse« und »BAM« lediglich gemeinsam, daß beide im Staate der Sowjets zu finden waren.

Die BAM, die Baikal-Amur-Magistrale, sollte die Transsibirische Eisenbahn entlasten – die zu dicht an der chinesischen Grenze verlief – und eine nördliche Verbindung zum Stillen Ozean herstellen. In bewährter Sowjetmanier wurden Jungarbeiter, Abenteuerlustige und vor allem Strafgefangene zum Bau beordert. Diese Bahn-Erschließung war aber ein rein innersowjetisches Projekt: Westmenschen, zu denen Ungarn wie Rumänen oder DDR-Deutsche gehörten, hatten dort nicht viel verloren.

Anders vollzog sich der Bau einer Erdgasleitung, die vom Ural durch die Ukraine bis ins heutige Tschechien und die jetzigen fünf neuen Länder führte: An dieser Trasse sollten sich durchaus Bauleute der Empfängerländer beteiligen. Sowjetische Erdgaslieferungen wurden bis dahin von der DDR mit Konsumgütern vergolten: Vom Bügeleisen bis zur Deckenleuchte waren DDR-Produkte heißbegehrt. »Westware.« Nun aber konnte die DDR ihr Erdgas auch in Arbeitsleistungen bezahlen. Mitte der siebziger Jahre begannen die RGW-Staaten, »Ostblock« genannt, jeweils Teilstücke der Erdgastrasse zu bauen: Alle brachten ihre Arbeiter und Küchenfrauen, ihre Bagger und Vorschlaghämmer mit. Das DDR-

Teilstück, mitten in der Ukraine, wurde mitsamt den aufwendigen Verdichterstationen am perfektesten errichtet – schließlich sind Deutsche weltweit Musterknaben –, folglich bauten in den achtziger Jahren die deutschen Brüder flächendeckend an der Trasse. Mit Rohren, die wiederum nahtlos von Mannesmann geliefert wurden ...

In der DDR und ihrer mobilmachenden Jugendorganisation hatte man Rohrleitungsbau-Traditionen: »Max braucht Wasser«, hieß es nach dem Krieg in Unterwellenborn, um den einzigen Hochofenstandort der Ostzone zu retten. Das Denkmal für die Leitungsbauer steht bis heute unweit der Saale und zeugt davon, daß es fast ein halbes Jahrhundert lang immer wieder Aktionen der FDJ gab, um Jugendliche für Großvorhaben zu mobilisieren. Mitte der Siebziger also war die »Trasse der Freundschaft« Haupt-Jugendobjekt der DDR. Mit immer weniger Jugendlichen, denn gestandene Männer, Bauleute, Schweißer, Baggerfahrer wurden gebraucht. Wer sein bisheriges Leben vergessen oder einfach mal richtig Geld verdienen wollte, meldete sich zur Trasse – die Aupair-Mädchen der DDR im Arbeiterformat.

In den ukrainisch-uralischen Sümpfen wurde dann geschuftet, robottet, gekläjt – wie auch immer man das Westwort »malochen« ins Deutsche, Pidgin-Russische oder Rotwelsch-Mansfeldische übersetzen mag. Trassenbauer errichteten später ganze Wohngebiete im weiten Russenlande. Und da allein als Auslöse pro Tag neun Rubel rollten (fast 30 Mark), war richtig Geld zu verdienen. Die Schicht war lang, der Urlaub ebenfalls. Einen Teil des Lohns konnte man in Westgeld-Schecks bekommen, was dann irgendwann ein halbes Auto oder einen ganzen Trabbi ergab: Die Trasse war das langfristig-risikolose Aktiengeschäft für arbeitswillige DDR-Bürger und brachte manchem Trassenbauer auch das Fundament für sein Eigenheim. Mein Trassengewährsmann, der jahrelang als Reporter die Trassenlande bereiste und jetzt ein Rathaus-Pressesprecher ist, wußte Absurd-Komisches und Traurig-Pikantes von der Trassen-Arbeitslagerei zu erzählen. Zur kulturellen Betreuung wurde entsandt, was Rang und Namen hatte: Bands und Kabaretts, Sprech- und Tanztheater. Vom Puhdy bis zur Ballerina. Natürlich gab es ein Problem mit Frauen. Die waren nämlich zu wenige. Manche Küchenfrauen hießen »Trassenentsafterinnen«: anschwellender Wortschatz männergeprägter Gesellschaften. Natürlich entstanden Partnerschaften, Schäferspiele und Ehen mit Einheimischen; die DDR-Männer waren für die Ukrainerinnen und Russinnen die begehrten Westmänner mit Schmott. Sie boten Aussicht auf ein Leben im richtigen Europa. Die einheimischen Behörden mochten dies ebensowenig wie die DDR-Behörden Liaisons von DDR-Bürgerinnen mit Westdeutschen ...

Als 1992 die Sowjettruppen aus Deutschland abzogen, verließen auch die letzten offiziellen Trassenbauer die Sowjetunion. Welches Geschäft heute die Trasse Deutschland und Rußland bringt, ist gelegentlich auf Wirtschaftsseiten zu finden; fragen Sie dazu Ihren Aktien- oder Anlageberater.

Haushaltstag

Eine Romanszene, Ende der fünfziger Jahre in einer ostelbischen Kleinstadt spielend, könnte etwa so aussehen: Die strenge Lehrerin fragt einen Jungen mit Mäkkifrisur: »Na, Horsti, mit welchen Ländern sind wir denn befreundet?« Horsti hat nicht aufgepaßt, weil er auf der abgeschrägten Bankfläche mit Linealen eine Hindernisstrecke für seine kostbare Kugellagerkugel gebaut hat, hört nur »Freund« und sagt »Klaus!«. Die Klasse johlt und die strenge Lehrerin gibt eins obenauf: »Unser Horsti hatte wohl grad seinen Haushaltstag, als wir das behandelt haben, was?« Die Klasse johlt noch mal, denn sie versteht die Mischung aus grober Lehrer- und feiner weiblicher Ironie. Jugendliche und Zugewanderte werden Romane mit solchen Szenen kaum lesen. Wir wollen aber dennoch erklären, was es mit dem zitierten Haushaltstag auf sich hatte.

Offiziell hieß er »Hausarbeitstag«, da er dazu dienen sollte, jene Arbeit im Haushalt zu erledigen, die wegen Berufstätigkeit der Hausfrau, die mithin nicht als Hausfrau, sondern als VBE (Vollbeschäftigteneinheit) ihren Mann stand, liegengeblieben war. Verständlich oder zu ironisch?

Also ganz langsam für Zugewanderte: Da es offizielle Politik in DDR-Landen war, auf Vollbeschäftigung hinzuarbeiten, sollte für Frauen, die traditionell zusätzlich mit dem Haushalt belastet waren, ein Ausgleich geschaffen werden.

Schon in den ersten Nachkriegsparteiprogrammen von KPD, SPD und später SED wurden Forderungen nach Gleichberechtigung der Frau erhoben, unter anderem nach einem bezahlten Hausarbeitstag. Auch in NRW wurde 1947 über diesen Tag diskutiert – und eine Gesetzesvorlage dazu eingebracht.

Diese Forderung wollten schon die Nazis verwirklichen: in Kriegszeiten wurde der Hausarbeitstag eingeführt, damit Rüstungsindustrie und das Nazi-Ideal von der Frau und Mutter vereinbart werden konnten. Natürlich waren nur »arische Frauen« berechtigt zum »Hausarbeitstag«.

Ab 1952 jedenfalls bekamen in der DDR vollbeschäftigte Frauen, vorausgesetzt sie hatten Kinder bis zu achtzehn Jahren oder pflegebedürftige Familienangehörige im Haushalt sowie verheiratete Frauen ohne Kinder, wenn es der »Betriebskollektivvertrag« festlegte, pro Monat einen bezahlten Hausarbeitstag. In den Siebzigern, als in der frühen Honecker-Ära die »umfassende Befriedigung der Bedürfnisse« als »Hauptaufgabe« genannt wurde, wurden auch unverheiratete Frauen ab vierzig und später sogar alleinstehende Männer, wenn sie einen eigenen Haushalt führten, Nutznießer eines Haushaltstages – aber natürlich blieb er Domäne der Frauen.

In den fünfziger und frühen sechziger Jahren aber war es noch undenkbar, Männern Haushaltstage zu geben, und die boshafte Unterstellung der Lehrerin, Mäckifrisur-Horsti hätte vielleicht Haushaltstag gehabt, hatte somit einen, wie wir heute formulieren würden, sexistischen Unterton: Frauenpower gegen männliche Unaufmerksamkeit. (Proteste von GleichstellungsbeauftragtInnen wegen machistisch-unhistorischer Interpretation bitte nur gesammelt beim Verlag einreichen.)

Noch ein wenig zur trockenen Umsetzung dieses Frauen-Rechts von einst: Haushaltstage durften nicht angespart werden, um damit etwa den Urlaub zu verlängern;

hatte eine Beschäftigte im Monat unentschuldigt gefehlt (eine F-Schicht gefahren, wie man sagte), entfiel der Haushaltstag-Anspruch ohnehin. Andererseits war die Rechtsprechung großzügig. So hieß es: »Das Gesetz verlangt, daß der Termin des jeweiligen Hausarbeitstages zwischen der Frau und dem Betrieb zu vereinbaren ist. Das ist notwendig, weil auch hier die persönlichen Interessen der Frau mit den Belangen des Betriebes abgestimmt und in Einklang gebracht werden müssen, um einen reibungslosen Ablauf des betrieblichen Geschehens zu gewährleisten. Dies darf allerdings nicht dazu führen, daß staatliche Leiter beispielsweise die Gewährung des Hausarbeitstages an einem Montag oder Freitag mit der Begründung ablehnen, die Werktätige wolle sich nur ein verlängertes Wochenende verschaffen. Abgesehen davon, daß betrieblicherseits die häusliche Situation der Werktätigen nicht genau eingeschätzt und beurteilt werden kann, muß doch der Frau das Recht eingeräumt werden, die Erledigung bestimmter Aufgaben so einzuplanen, wie es ihr selbst am günstigsten erscheint.«

So viel zur Allmacht des Staates in der DDR, die in der Praxis nicht selten eine erstaunlich große Macht der Arbeiterin gegenüber der Betriebsleitung bedeutete. Je größer der Betrieb, desto umfänglicher war auch gemeinhin der oben erwähnte »Betriebskollektivvertrag«, in dem Rechte und Vergünstigungen für die Werktätigen immer breiter ausgeführt – und auch immer hemmungsloser genutzt wurden. So entschwand schließlich der Haushaltstag, der laut Einigungsvertrag zunächst beibehalten wurde, mit einer kurzen Notiz in der später ebenfalls entschwundenen Gewerkschafts-Tageszeitung »Tribüne«: »Hausarbeitstag bis 31. Dezember 1991.«

Genosse Kossonossow

Gar viele Genossen spielten einst gar viele Rollen im Staate DDR, in dem manch Genosse auch faul war. Es gab zwar keine Bosse, deren Genosse man sein konnte, aber es gab zahlreiche leitende, würdentragende, verdienstvolle, Orden und Ehrenzeichen anlegende Genossen. Diese Genossen in Witzen zu verulken, ihre immer und überall vorwärtsweisenden Ideen ad absurdum zu führen, war, scheint's im nachhinein, ein Hauptspaß des Volkes.

So wurden in den Betrieben ganz normale Verhaltensweisen mit den Namen sowjetischer Arbeiter bezeichnet. Diese Bezeichnungen waren von oben, von den leitenden Genossen, verordnet worden. Da gab es die Nina-Nasarowa-Methode (findige Ausgräber können herausfinden, was sie propagieren sollte) und vor allem die immer wieder gern zitierte Bassow-Methode. Diese konnten sich die Arbeiter sogar merken, hatte sie doch den Arbeitsschutz zum Gegenstand, und das war mitteldeutschen Ohren per Eselsbrücke eingegraben: Wenn de offbassen mußd, machsdes nach der Bass-off-Methode.

Daß die Arbeitsschutz-Bestimmungen in der DDR scharf waren, daß sie nicht selten, oder sagen wir: gelegentlich auch exakt eingehalten wurden, focht die Propagandisten nicht an: In der großen Sowjetunion war alles besser, da mußte auch der Arbeitsschutz besser sein. Folglich galt Genosse Bassow und seine Bass-off-Methode als Richtschnur, an die man sich zu halten hatte.

Die Unfehlbarkeit der Funktionäre und deren herablassende Belehrung des Volkes war üblich, wo die sozialistische Idee die Massen barsch ergriff. In der Sowjetunion wurde das schon in den zwanziger und dreißiger

Jahren praktiziert, und als Reaktion eines sensiblen, sprachbewußten russischen Schriftstellers darauf entstanden Humoresken und Satiren, die eine ganze Epoche in ein paar Dialogen einfangen. Was jener Michail Sostschenko in seiner Schreibstube zu Papier brachte, wurde vom Sowjetvolk unendlich geliebt, von den Behörden mißtrauisch beäugt. Zu Sostschenkos Meisterstücken gehört auch die Geschichte vom eilfertigen Instrukteur, vom braven Genossen Kossonossow, der aufs Land geschickt wurde, um den Genossen Bauern die Bedeutung der Luftfahrt zu erläutern – und sie zum Spenden zu bewegen.

Der Genosse Kossonossow erklärt den Bauern zunächst die Weltlage, also die geographische Lage von Deutschland, Rußland, China. Aber sie begreifen nix. Er sagt: Das Flugwesen – es entwickelt sich! – Die Bauern glotzen. Er erläutert, daß Flugzeuge gewaltige Propeller hätten. Was in diese Propeller käme, ob Hunde oder Katzen, sei hin und weg, werde einfach geköpft. Einmal kam sogar eine Kuh in den Propeller – der Genosse Kossonossow redet sich in Rage –, und die Bauern fragen angstvoll, ob auch Pferde in diesen Maschinen geköpft würden? Froh, daß er verstanden worden war: »›Auch Pferde!‹ sagte Genosse Kossonossow im Brustton der Überzeugung: ›Ritsch-ratsch, weg sind sie.‹«

Daraufhin blickten die Bauern sehr finster, gingen auseinander, und der Genosse Kossonossow kehrte ohne Spenden zurück.

Diese Geschichte nun wurde auch in der DDR landauf landab in »gestalteten Kulturprogrammen« vorgelesen. Ein Vorbild dafür waren die sowjetischen Estraden, gewaltige Kabarett-Varieté-Unterhaltungs-Vorführungen. Mit sowjetischen Texten konnten man ideologisch doch nicht schief liegen, oder ...? 1964 wurde eine ganze Bühnenshow unter dem Titel »Jazz – Lyrik – Prosa« aufgeführt und ging auf Tournee. Eberhard Esche las eine gereimte Fabel vom »Hasen im Rausch«. Es gab Lyrik von Rainer Kirsch und Jazz vom Feinsten; Musik, die sich damals vom Nazi- und Nachkriegs-Ruf »Negermusik« und vom frühen DDR-Etikett »amerikanische Unkultur« befreite. Eine Emanzipation der langsamen Art. Und Manfred Krug rezitierte für dieses Programm ebenjene Satire vom glücklosen Agitator. Von der Veranstaltung in der Kongreßhalle am Alexanderplatz wurde eine Platte aufgenommen, und in der kargen Tonträgerlandschaft der DDR hatte sie alsbald den Status eines Kultobjekts ...

Und wenn heute ein Graukopf leuchtenden Auges »Auch Pferde!« sagt und plötzlich eine ganze Erinnerung in ihm aufzubrechen scheint, so wissen wir jetzt warum. Denn Genosse Kossonossow hat sich in die Hirne und Herzen einer ganzen Generation eingeschrieben.

ABV

In meiner Heimat und Jugend trieben wir gern das Spiel vom Räuber und Schambambel. In hochsprachlicheren Gegenden ist der Schambambel ein Gendarm. Damals wollte jeder Räuber sein und keiner Gendarm. Räuber durften wendig und klug, witzig und frech sein; die Gendarmen waren, ganz wie im Kaspertheater, holzköpfig, sauertöpfisch und vor allem dumm, doof und dämlich. Mußte man nun selbst den Schambambel spielen, versuchte man dennoch wendig, witzig usw. zu sein – allein die Rolle war eben belastet.

Wie kommt es, daß das Polizistenbild im Volk so negativ verwurzelt ist? Oder zumindest bis vor einigen Jahren war? Ist es der bismarcksche Schnauzbart- und Säbelträger, der das ordnungspolitische Antlitz prägte? Der Schupo oder Sipo der Weimarer Zeit? Der Nazi-Polizist, der wie Knobloch in seinem Buch »Der beherzte Reviervorsteher« schreibt, zuweilen auch Zivilcourage besaß? Oder der Westberliner Stupo, der Stumm-Polizist, wie man die »Polente« nach ihrem Chef nannte? Ist es der Vopo, der im Lande DDR eher selten so genannt wurde, hingegen in den Springer-Zeitungen des Kalten Krieges nur so? Der gegenwärtige Begriff »Bulle« ist ebenfalls von wenig Charme geprägt. Ist man in der Gegend zwischen Börde und Berlin unterwegs, wird einem klar, daß die »Pulleßei« einfach so ausgesprochen werden muß. Alles andere widerspräche der märkischen Zunge: Die Ordnungsmacht eine Kreuzung zwischen Flasche und Lispeln.

Sind Polizisten eigentlich deutschlandweit noch immer schlecht angesehen? Trotz höflichen Auftretens, trotz Sicherheitspartnerschaft und Retter in der Not bei Verkehrsunfällen? Oder hat sich das Bild in den letzten Jahren gewandelt, seit auch offiziell festgestellt wurde, daß es nicht en vogue ist, Polizisten zu verhauen? War der Slogan »Die Polizei, dein Freund und Helfer« landesweit üblich? Sind die österreichisch-schweizerischen und balkanisch-slawischen Gendarmen und Milizionäre positiver populär? Die italienischen Carabinieri, die englischen Cops? Wird mit solchen Fragen die Welt schlichtweg verkürzt?

Das Abkürzungsland DDR jedenfalls hatte auch die Ortspolizisten abgekürzt: als ABV, als Abschnittsbevollmächtigte. Allein dieses Wort verinnerlicht die kräftige deutsche Amtsprache: Macht. Voll. Abschnitt. In der Realität war der ABV aber viel öfter wirklich Freund und Helfer der normalen Leute; man kannte ihn, er kam von nebenan, und er mußte sich auf die eine oder andere Art mit seinen Nachbarn gutstellen.

Der Abschnitt, für den der Polizist zuständig, also bevollmächtigt war, umfaßte einige Straßen oder einen Stadtbezirk, eine Siedlung oder ein Dorf. »Dorfsheriff« war mithin der liebevolle Begriff für den Mann im grünen Amtsanzug. Mit dem Wort »Dorfsheriff« zog man die Macht an seine Seite, nahm mit ihr in der Kneipe Platz, johlte mit der Staatsgewalt auf dem Fußballplatz. Die Macht namens »Dorfsheriff« wurde ausgefragt, wenn ein Verbrechen ruchbar geworden war, denn die DDR-Presse sorgte lediglich für Ruhe und Ordnung, für Friede, Freude und sozialistischen Eierkuchen und verbreitete überaus selten Täter-Homestorys.

»Unser Ahbevauer« bekannte dann, daß er eigentlich nichts dazu sagen dürfe, die Sache sei schon so und so, wie wir vermuteten, aber er dürfe eben nichts sagen, wir müßten das verstehen.

Wir verstanden. Unser Ahbevauer war eben auch bloß einer wie wir.

Im öffentlichen Bild des Staates aber verstanden Polizisten keinen Spaß. Zumindest ließ die offizielle Lesart Polizisten als humorlose Kommißknöppe dastehen. Ein ganzer Film wurde quasi zur Unperson erklärt, weil Arbeiter in einer kleinen Einstellung einen Polizisten in den Teich warfen: der Film hieß »Spur der Steine«, und der Name des Polizei-Schauspielers fehlt in den Film-Annalen. Es gilt eben nicht als schick, Schambambel zu spielen.

Gelegentlich höre ich, daß die Polizeipräsenz zu gering ist: Ein ABV, der ja nicht so heißen muß, wäre die schlechteste Neu-Erfindung nicht. Inzwischen gibt es in vielen Gegenden KoBBS, Kontakt-Bereichs-Beamte, die sich anhören wie die Cops und vielleicht dereinst auch deren Ansehen haben könnten. Wie in Filmen könnte es irgendwann auch im Leben zugehen: Der Cop ist ein Held, und alle wollen ihn gerne spielen.

Erntekapitän

Journalisten sind Menschen, die schlichte Dinge zu gewaltigen Wortgrößen aufblasen. Dies ist nicht verwerflich, sondern ihr Auftrag. Was im Alltag eine läppische Dummheit, ein Vergehen, ein Ärgernis ist, wird beim Journalisten zur Blödheit des Jahrzehnts, zum perfidesten Diebstahl, zur Wut von Millionen. Gewiß, in den meisten unserer Familienzeitungen wird die Wahrheit lediglich etwas schärfer konturiert; es gibt aber auch Medien, die die Kunden anschreien: Kauf mich! Schalt mich ein! Dort muß der Journalist kraftvollste Vokabeln, die auf Ewigkeit und Weltgewitter zielen, verwenden.

In der DDR – seufze nicht, lieber Leser, dies Büchlein dient nun mal der Aufklärung über Unbekanntes, und solche böhmischen Dörfer barg das Stätlein DDR in Mengen – in der DDR also hatten die Journalisten neben vielen anderen Aufträgen auch noch jenen, das Volk mit den Schönheiten der materiellen Produktion vertraut zu machen. Das Selbstverständliche, die Herstellung von Bolzenschneidern: In DDR-Medien wurde es zum Ereignis.

Da, entgegen manch anderslautenden heutigen Erklärungen, auch in der DDR die Menschen Brot und Kartoffeln aßen, Bier und Milch tranken, wurde der Produktion dieser Erzeugnisse in den Medien viel Aufmerksamkeit gewidmet, sprich: die sozialistische Landwirtschaft wurde allzeit, besonders aber während der Ernte, von vielen Meistern der Feder begleitet.

Immer wieder wurde hymnisch berichtet, wie das genossenschaftliche Bäuerlein im Märzen den Geräteträger RS O9 einspannt; wie die Bäuerin Typ I – die Genossenschaften waren nach Typen klassifiziert – ihrer

Kuh Nadeshda die Weltmilchhöchstleistung abringt. Zur auch in der DDR in den Sommermonaten anstehenden Getreideernte aber liefen die Schilderer des landwirtschaftlichen Morgenrots in den Farben der DDR zu Bestform auf: Hier wurde grundsätzlich die Ernteschlacht geschlagen. Und gegen die Natur und für den Plan gewonnen. Über leuchtende Ährenfelder fuhr die Armada von Mähdreschern, die anfangs Geschenke der Sowjetunion waren. Und hoch auf den glücklichen Maschinen saßen stolz die Erntekapitäne und brachten verlustlos jedweden Halm vom Stengel, jede Ähre zum Klingen in den Beuteln der Volkswirtschaft, und aus den Körnchen ward Gold zum Wohl der Menschen ...

Es war wohl den nahrungsarmen Nachkriegsjahren und vielleicht auch der großen Bedeutung der Landwirtschaft für alle sozialistischen Länder geschuldet, daß die Aufmerksamkeit für die Bauern bis zum Ende der DDR ungebrochen blieb. Alljährlich breiteten sich ab Juli in den Zeitungen Statistiken über die verlustlos eingebrachte Ernte aus. Nach prozentualer Planerfüllung standen die Bezirke geordnet auf Rängen. Platz Eins belegten fast immer Potsdam, Cottbus, Frankfurt, Leipzig; danach kamen Neubrandenburg und Schwerin, noch später die wegen Gebirgsanteil problematischeren Halle, Magdeburg und Erfurt wie auch der Bezirk der kühlen Seebrisen, Rostock. Und wenn im September alle längst 100 % meldeten, konnten Suhl und vor allem Karl-Marx-Stadt noch immer nur sechzig, siebzig, achtzig Prozent aufweisen. Ich verbrachte meine Jugend im Vorerzgebirge und schämte mich jedesmal, daß gerade wir so nachhinkend die Vorstellungen von Partei und Regierung in Sachen Ernte-Vollprozente erfüllten. Immerhin kamen nach der Abrasur aller Potsdamer und Leipziger Felder die Mähdrescher mit ihren Erntekapitänen dann zu den Bummelletzten. Wenn es damals mal Stau auf Straßen gab, dann wegen der Mähdrescherumsetzung aus der klimatisch begünstigten DDR-Mitte nach Süd und Nord.

Die Ernte bewegte Nichtbauern auch wörtlich. Zur Kartoffellesezeit gingen viele Sesselfurzer, vor allem aber Schüler zur sozialistischen Hilfe. Abducken in der Furche. Pro gelesenem Kartoffelkorb gab es eine Marke, und pro Marke gab es zwanzig bis sechzig Pfennige. In meiner goldenen Kartoffellesezeit erhielten wir wackeren Helfer auch noch ein »Abendbrot«, eine dickbelegte Bemme, wie die Stulle bei uns hieß, nebst frischen Eiern. Beim sommerlichen Wagenbeladen lernte ich den schönen Begriff »banseln«. Ja, liebe Kinder, auch wir Stadtkinder wußten Klee von Kleie zu unterscheiden ... Daß die Landwirtschaft den Rhythmus auch städtischen Lebens bestimmt, kommt heute nur noch in Ausnahmefällen vor. Vielleicht ist das letzte Relikt davon der späte Sommerferienbeginn in Bayern. Dieser Freistaat aber zählte nie zur DDR, sondern zu den Siegern der Geschichte.

ökulei

Klangvolle Begriffe in der nur gelegentlich klangreichen deutschen Sprache wirken wie exotische Ausländer. Nicht immer ist die Übersetzung aus dem scheinbar Chinesischen so banal wie im Falle des Dialektausdrucks: Hinghengsnung. Das heißt bekanntlich nichts anderes als: Hinten hängt es herunter.

Mitten in trockenen Rechenschaftsberichten, in denen vor zwanzig, dreißig Jahren Erfolge und Erfolgshemmnisse in Zahlen und Begriffen beschrieben wurden, tauchte damals aber ein solcher Exot auf: Ökulei.

Rechenschaftsberichte waren ernsthaft. Rechenschaftsberichte wurden in bürokratischer Sprache verfaßt. Niemals hätte ein Rechenschaftsberichterstatter Späßchen à la Hinghengsnung in seine Darlegung zur Vorantreibung der immer besseren Verwirklichung ... es sei denn, das Späßchen wäre abgesprochen und diente der Versorgung der Bevölkerung mit Humorung, doch auch damals war Humor eine Angelegenheit ohne Anhängung. Obwohl er zu fördern war. So durch den Ökulei.

Der nämlich hieß in voller Schönheit »Ökonomisch-kultureller Leistungsvergleich«. Die da ihre Leistungen vergleichen sollten, waren Brigaden und Abteilungen der Werktätigen auf der breiten Front materieller Produktion wie auch der Beschäftigten auf dem Dienstleistungssektor und in Staats- und Parteiapparaten.

Erklären wir's beispielhaft: Die Reckzwirnerinnen der Brigade »Wilhelm Pieck« erfüllen ihren Plan mit 107 Prozent – und stehen damit recht gut da im Vergleich zur Brigade »15. Jahrestag«. Der »15. Jahrestag« aber führt ein sehr gut gestaltetes Brigadetagebuch – wir haben dieses böhmische Dorf ziemlich zu Anfang vorgestellt –, besucht gemeinsam die Vorstellung vom »Weißen Rößl« und stellt zum Betriebsfest eine selbsteinstudierte »Estrade« auf die Bretter des Betriebskulturhauses. Eine Estrade, in der Volkslieder gesungen werden und ein Sketch gespielt wird über bürokratische Funktionäre (nicht typisch). Damit holt Brigade »15. Jahrestag« Punkte, wodurch sie im ökonomisch-kulturellen Leistungsvergleich die allein durch gute Planerfüllung glänzende Brigade »Wilhelm Pieck« vom ersten Platz verdrängt. Ökonomisch sind beide Brigaden vorbildlich, aber in der Kultur gewinnt der »15. Jahrestag«.

Gab es in der Frühzeit der DDR noch schlichte kulturelle Leistungsvergleiche, wofür Prämien, also Geldzuweisungen, den Besseren winkten, so wurde mit den Ökuleis beides bewertet: ökonomische Erfolge plus kulturelle Höhepunkte. Höhepunkte beim gemeinsamen Kegeln oder Tanzen. Wichtig war das gemeinsame Erlebnis. Und konnte eine Brigade selbst künstlerisch agieren – im Laienkabarett, im Laientheater oder in einer sozialistischen Tanzmusikcombo –, dann brachte sie das im Ökulei weit nach vorn, brachte Punkte und Prämien, also Geld für jeden.

In einer Zeit, da Arbeit und Freizeit streng getrennt werden, mag ein solches Gesellschaftskonzept merkwürdig anmuten. Müssen Leute, wenn sie zufällig gemeinsam arbeiten, auch noch gemeinsam feiern? Gemeinsam häkeln, gemeinsam gepflegt Wein trinken und gemeinsam der Lesung eines Arbeiterschriftstellers lauschen? Sozialistisch arbeiten, sozialistisch lernen, sozialistisch leben – wenn wir das sozialistisch wegstreichen und »christlich« dafür einsetzen, leuchtet der tiefe Wunsch vieler Heilsbringer, die manchmal Gesellschafts-Reformer heißen, auf: Der Mensch lebt nicht vom Brot allein; es muß auch Kultur dabei sein ...

Der Ökulei war ein Instrument der herrschenden Kaste zur harmonischen Begleitung der unbeherrschten Massen. War er deshalb von vornherein absurd, belächelnswert oder gar menschenverachtend? O nein! Er war illusorisch, utopisch und unangebracht in einer Republik, die immer mehr mit Straßenbelägen, Weltmarktpreisen und reiselustigen Menschen zu kämpfen hatte. Im Mifku, wie man das Ministerium für Kultur damals auch abkürzte (es gab nicht nur 1 Kulturstaatsminister), galt die kulturelle, vor allem auch künstlerische Arbeit von normalen Menschen als überaus wichtig. Der Ökulei sollte eine Fortführung des einst vielbeschworenen »Bitterfelder Wegs« sein, ein Weg, der aus Arbeitern Künstler machen sollte. Aber die Berufskünstler im Staat machten dem Mifku schon bald so viele Probleme, daß die Förderung von Laien, von Ökulaien, bald auf der Strecke blieb. Wie dann auch das ganze große und hübsch gedachte Konzept vom Schlosser, der nebenbei Opernarien sang, und vom Lyriker, der nebenbei Gerüste baute, auf der Strecke blieb. Doch gelegentlich sollte man auf der Strecke mal nachgucken, was da alles herumliegt. An exotischen Begriffen und an exotischen Gesellschaftskonzepten.

Sprelacart

Ich könnte es mir einfach machen: Wenn Sie unsere schöne neue Rhein-Beamten-Hauptstadt betreten, die Waschmaschine, auch Kanzleramt geheißen, links und den türkischen, also linken Szene-Bezirk Kreuzberg, jetzt mit Friedrichshain zwangsvereinigt, rechts liegen lassen, stoßen Sie auf die Amüsiermeile am Kollwitzplatz, jetzt Stadtbezirk Pankow, früher Prenzlauer Berg. An deren Anfang, Kollwitzstraße Ecke Metzer, liegt die Kneipe »Sprelacart«. Edle Einrichtung, Messingstangen, keine schlichten Preise, aber Tische, die in Böllschen Romanen »Resopaltische« heißen würden.

Resopal war nämlich Sprelacart oder Meladur und Cellophan war Zellophan und Plexiglas war Piacryl und Nylon war Perlon war Dederon war Silon und Kapron.

Sie merken, ich will es Ihnen nicht leicht machen, sondern ein bißchen in Chemie, Kalter Krieg und Kunstwortschöpfung dozieren.

In meiner Jugend waren Elektrostecker braun, hart und splittrig und bestanden aus »Bakelit«. Weil unsere Eltern so sagten und deren Eltern so gesagt hatten. Bakelit als internationales Kunstwort für einen »Kunststoff« gab es seit 1909, nach dem Belgier und Chemiker Baekeland benannt. Der erste Weltkrieg war dann die große Zeit für Ersatz-, sprich Kunststoffe. Kautschuk wurde durch Produkte aus den Buna-Werken ersetzt, und Igelitstiefel, eigentlich polymere Vinilchloridprodukte, als greulich glatte, den Zehenschweiß sammelnde Arbeitsfußbekleidung gab es noch bis in die sechziger Jahre. Igelitstiefel liegen gewiß heute noch da und dort herum, vergammelnd, ohne zu verrotten.

Weil aber der Kunststoff-Aufschwung just in die Zeit

der Weltenteilung in Fort- und Rückschritt, in Sozialismus und Kapitalismus, in Freiheit und Knechtschaft fiel, wurde jeder neue Kunststoff in Ost und West anders benannt. So hieß ein Aminoplastwerkstoff in der DDR nach dem Herstellungsort Spremberg Sprelacart (Spremberg – Laminat – Carton), in der BRD, die damals noch WD abgekürzt wurde, aber Resopal. Bei den Chemiefasern, die als ebenfalls schweißsammelnde, aber strahlend weiße Hemden eine Zeitlang die Tanzböden in Ost und West beherrschten, wurde die Namensgebung zum Programm. Nylon war amerikanisch, weshalb man aus Nylon gefertigte dunkelblaue Regenmäntel »Nato-Plane« nannte. Perlon, das nämliche Chemiefaserprodukt, war zunächst gesamtdeutsch. Nach einem Prozeß, in dem Westdeutschland seinen Alleinvertretungsanspruch für Perlon durchsetzte, erfand die DDR ihr Dederon (merke DeDeRon) Der Name soll im Thüringer Chemiefaserkombinat Schwarza ge- und erfunden worden sein. In der Sowjetunion hieß die Polyamidseide Kapron, in der damals geeinten und sozialistischen Tschechoslowakei Silon usw. usf. Himmlische oder gruselige Zeiten, so scheint uns, denen heute jede Neuheit mit einer weltweit gültigen englischen Abkürzung verklickert wird, von AIDS bis www.

Die einstige Spaltung wird übrigens heute noch in der Trennung von Plastewelt und Plastikwelt deutlich: Der Osten, mich inbegriffen, mag es sich nicht abgewöhnen, den alten deutschen Begriff Plaste (Singular: der Plast) zu nutzen, der in Anlehnung an plastics (engl.) und matieres plastiques (franz.), nach Ostquellen auch an Plastmassy (russ.) entstand, während die Plastik in der deutschen Sprache eigentlich eine Figur bezeichnet. Aber durch die Altbeerdeisierung der Sprache mündet alles undifferenziert im Sprachmansch »Plastik« (demnächst dann »plästicks«): Bildhauerkunst und Tragetasche, Kunststofftisch und knitterfreies Hemd. Kann man sich die farbenfrohe Kittelschürze auf der bloßen Haut der werktätigen Plattenbewohnerin aber aus »Plastik« gefertigt vorstellen? Die Figur in der Figur?

So zeigen bis heute zahlreiche Produkte der Chemieindustrie, welche nach einem alten DDR-Slogan »Brot, Wohlstand und Schönheit« bringen sollte, daß wir Deutschen streng getrennt sind durch die gemeinsame Sprache. Man wird vermutlich die Böllschen Romane auch in nächsten Auflagen nicht von Westwörtern wie »Resopaltische« reinigen, aber ich bin mir fast sicher, daß die Tagebücher der Brigitte Reimann oder die Romane von Erwin Strittmatter demnächst – »behutsam nach zeitgemäßem Sprachverständnis bearbeitet« – nur noch in einer Plastikwelt spielen werden. Bestenfalls wird man die Wortvielfalt von Dederon bis Sprelacart, von Bakelit bis Thermoplast, von Duosan Rapid bis Wolpryla mit Sternchen versehen und alles mit »plastics« erklären.

Pfuschen

■ Blödsinn, denkt der nicht blödsinnige Leser, pfuschen ist doch nichts anderes, als etwas mehr schlecht als recht zusammenbauen? »Ins Handwerk pfuschen.« Sagt doch, daß ein Nichtfachmann versucht, ein Handwerk auszuüben. Pfusch ist Pfusch und kommt zum Beispiel bei Schriftstellern vor, die schnell ein neues Buch für den gefräßigen Markt zusammenklempnern. Auch Redakteure und Lektoren sollen gelegentlich Pfusch abliefern, wenn sie eine fein ziselierte Kolumne mit gar vielen im Einzel-Komma versteckten Anspielungen roh über die neuen Rechtschreibregeln balbieren und so Rat gebende und ratsuchende Vokabeln am besten ganz rausschmeißen, auf daß ein klapperndes Textgerippe, Pfusch, übrigbleibt.

Das Wort »pfuschen« aber hatte viele Jahre lang in der DDR einen speziellen Sinn, der weniger mit schlechter Arbeit zu tun hatte, als daß die Arbeit außerhalb offizieller Betriebsarbeitszeit stattfand.

»Ich muß heute noch pfuschen«, sagte ein Kollege zum andern, oder er fragte ihn auch: »Wir brauchen noch einen zum Pfuschen, kommste mit?« Die Kollegen, die Schlosser, Klempner, Maurer oder Maschineneinrichter waren, trugen Berufsbekleidungen, die übrigens in jener Zeit nie »Blaumann« wie im westlichen Deutschland genannt wurden, sondern Arbeitsklamotten oder Betriebskleedasche oder schlicht Zeug. In dieser Bekleidung, aber außerhalb der achtdreiviertel Stunden Normalarbeitszeit, die an Wochentagen zu leisten waren, arbeiteten die Kollegen dann als »Feierabendbrigade«. Tätigkeit in der Feierabendbrigade war von der Betriebsleitung abgesegnet, denn anders waren zusätzliche Aufgaben nicht zu schaffen: neue Toiletten im Betriebskindergarten, Bepflanzung der Blumenrabatten vorm Pförtnerhaus, malermäßige Instandsetzung des betriebseigenen Klubhauses. Dennoch hieß es »pfuschen«, weil die verbauten Materialien nicht im Plan des Betriebes enthalten waren. Man mußte sie »organisieren«, wie das nötige Werkzeug, das manchmal privat von zu Hause mitgebracht wurde.

Die Feierabendarbeit wurde höher entlohnt als die Tätigkeit in der üblichen Schicht. Das wiederum war geregelt und meist in einem »Betriebskollektivvertrag« festgelegt, ein vor allem in Großbetrieben das Verhältnis zwischen Arbeitern und »ihrem« Betrieb regelnder Zusatz-Arbeitsvertrag. Dort war auch Mehr-Urlaub, Freistellung bei Krankheit des Kindes, Ferienplatzvergabe und eine »Prämienordnung« schriftlich verankert. Die Prämien wiederum gab es ursprünglich für besonders vorbildliche Arbeitsleistung oder per »Jahresendprämie« als dreizehntes Monatsgehalt. War aber etwas dringend fertigzustellen, konnte der Arbeiter damit rechnen, daß ihm mit einer Prämie die Feierabendarbeit versüßt wurde.

Das Hauptgebiet des »Pfuschens« aber blieb die private Verschönerung des eigenen oder nachbarlichen Heimes. Man konnte nicht einfach zum Handwerker gehen und um Parkett, Regenrinnen, ein Frühbeet oder Änderungsschneiderei bitten: Die privaten Handwerker waren fest in die Pläne eingebunden und hatten meist schon genug Freunde, denen sie Freude machen mußten. Also pfuschten alle, auch wenn nicht alle alles pfuschen konnten. Es entstand die Schattenwirtschaft. Da gab es die Frau, die als Finanzbuchhalterin arbeitete, nebenbei aber

Kostüme schneiderte, die allen Konsumklamotten den Rang abliefern. Es gab den Ingenieur, der zusätzlich Antennenempfangsanlagen baute – obzwar er es »pfuschen« nannte, lieferten die Anlagen den jeweils gewünschten Westsender einwandfrei. Gedrechselte Gardinenstangen, dekorativ-kitschige Lampen aus Lichtleitkabel, unter Putz gelegte Rohre, Verbundfenster, fachmännischer Weinrebenschnitt – es gab nichts, was nicht gepfuscht, also außerhalb offiziellen Handels und Wandels gefertigt wurde. Gewiß hätte manch Hobbytischler oder Feierabendmaurer sich selbständig machen können, aber eine restriktive Ordnung, die eigentlich übermäßige Bereicherung unterbinden sollte, beschnitt die Eigeninitiative.

In Zeiten knapper Arbeit verschwindet der Begriff »pfuschen« – oder hat nicht mehr jenen vertraulich-verschwörerischen Klang. Was heute »Nachbarschaftshilfe« oder »Nebenerwerbszweig« heißt, hat nur entfernt mit dem alten Pfuschen zu tun. Drum wird pfuschen bald wieder bedeuten, was es ursprünglich war: nichtfachmännisches Herumhandwerkeln.

Frösi

■ Wir wollen's ja gern sein: ein einig Volk von Brüdern und Schwestern. Aber die Verhältnisse sind kompliziert. So ist's normal, wenn ein Funk- und Fernsehmoderator davon erzählt, wie er in grauen Vorzeiten die Blechbüchsenarmee liebte und bei Fix und Foxi sich krumm lachte. Die Verbraucher sind informiert und wußten, auch wenn im Osten hausend, schon immer, was die Augsburger Puppenkiste und Rolf Kauka für die Sozialisation heute berühmter Moderatoren bedeuteten. Hingegen wird man auch bei feinsinnigen Bürgern wie Alfred Biolek, Alice Schwarzer, Doris Köpf oder Joseph Fischer nur verschlossene Mienen finden, wenn man mit Begriffen wie »Mäxchen Pfiffig«, »Atze«, »Flax und Krümel« oder »Wattfraß« hantiert.

Ach so, sagen die Feinsinnigen dann, das ist wohl was aus'm Osten? Von ganz, ganz früher!, wird Alfred Biolek verschmitzt einwerfen. Entschuldigend: Da war der Eiserne Vorhang zwischen!

Offensichtlich bewirkte die strenge Abschottung gen Westen vor allem, daß der Westen es bis heute als normal ansieht, Mäxchen Pfiffig nicht zu kennen, während der Osten es als beschämend empfände, von Ernie und Bert nie gehört zu haben.

Erzählen wir also den Nicht-Ignoranten von der »Frösi«, worin ein Mäxchen Pfiffig, als Comic-Figur vom Zeichner Richard Hambach erdacht, sein fröhliches Wesen trieb. »Fröhlich sein und singen« hieß ursprünglich die seit 1953 erscheinende Zeitschrift, die »Tänze, Spiele, Lieder, Gedichte, Laienspiele, Bastelarbeiten und Kurzgeschichten für junge Menschen« enthalten sollte. Wer ein gutes Gedächtnis hat und vorbildlicher Pionier war, in dessen Herzen werden Liedzeilen wohnen: »Fröhlich sein und singen / Stolz das blaue Halstuch tragen / Andern Freude bringen / Ja, das lieben wir!«

Die »Frösi« erschien monatlich und brachte es auf eine Auflage von über 600 000. Berühmt waren ihre Einlagen und Beiheftungen, ihre Bastelbögen und Sondertütchen. Mal gab es eine 3-D-Brille zum räumlichen Sehen, mal Samentütchen für den kleinen Pflanzenzüchter, mal waren Chemikalien zum Färben, mal Hölzer zum Basteln eingelegt und beigeklebt. Es gab schwarzgestreiftes Zellophanpapier, mit denen man Papierfiguren das Laufen beibringen konnte, Stoffproben und Lackmusteststreifen. Im Mangelwirtschaftsland war allein dies eine logistische Meisterleistung – andererseits hatte die Zeitschrift einen redaktionellen Vorlauf von vier (!) Monaten.

Natürlich stand auch die »Frösi« wie andere Kinderzeitschriften unter Kuratel. Das hinderte aber nicht, farbige Bildgeschichten wie »Die Schatzinsel« sehr frei nach Stevenson zu publizieren, Humoresken und spannende Wissenschafts-Abenteuer. Selbstredend gab es Kundschafter im Dienste der Sowjetunion, heldenhafte Aktivisten und allüberall fleißige Pioniere. Die »Frösi« war neben »Bummi« für die Vorschulkinder und »Atze« für Kinder ab 9 Jahre das bis in den kleinsten Dorfzeitungsladen reichende Unterhaltungsangebot für die Jugend. Das sich auf eine Karriere als Meister der Technik oder Parteiarbeiter vorbereitende Kind hingegen las »Die Trommel«. Das war ein weniger unterhaltsames Organ für den Kinderfunktionär. »Keiner zu klein, ein Kämpfer zu sein!« rief Erich Honecker den ABC-Schützen zu, damit sie später treu der Partei ergebene Mot-Schützen werden konnten. (Ein Mot-Schütze wiederum war das, was man ganz, ganz früher und heute wieder Panzergrenadier oder Gebirgsjäger nennt, lieber Alfred Biolek, liebe Doris Köpf.)

Wenn also heute ein Mensch aus dem Osten zu einem anderen Ostmenschen sagt: »Damals bist du doch noch mit ›Der Trommel‹ um den Christbaum gerannt«, so hat dies eine unvergleichlich vielschichtigere Bedeutung als dieser Satz einem Westbürger gegenüber. Man bedenke, das Organ der Nachwuchskader, ein religiös intendiertes Nadelgewächs einkreisend ...

Drum frisch ans Werk, liebe Feinsinnler: Was war der »Wattfraß«? Kleiner Tip: Comicfigur, niedrige Strompreise in der DDR. Wer waren Flax und Krümel? Kleiner Tip: Fernsehen, Sandmann. Und ein Tip für die Gesichtsmuskeln, wenn in einer Ostrunde nicht jede Anspielung verstanden wird: zustimmend lächeln.

Preisgesenkte

Das schlichte Eigenschaftswort »preisgesenkt« kommt aus der Mode. Es ist nicht knackig und laut genug. »Tiefstpreise!« oder »Preise im Keller!!« oder »Unglaublich!!!« heißt es derzeit, wo nicht gar der Superlativ deutscher Preisauszeichnung stehen mag: »For sale!«

Nun gab es aber auch die Bezeichnung »Preisgesenkte« für eine bestimmte Spezies von Menschen. Das aber hängt wiederum mit einer Praxis zusammen, in der das Recht mit dem Spruch »Gnade vor Recht« gekoppelt wird. Wo der König, der Kirchenfürst oder der alleinseligmachende Staat sich als oberster Jurist versteht, gehört die Amnestie, also der Straferlaß, zum immerwiederkehrenden Ritual. Der Amnestierte muß dankbar sein, daß ihm Gnade statt Recht gewährt wurde. Im zentralistischen Frankreich ist die Amnestie zum Nationalfeiertag bis heute übliche Praxis. Dabei geht es dort weniger um den Einzelnen, als um ganze Gruppen von Straftätern, die zu einem bestimmten Datum auf freien Fuß gesetzt werden.

Was bitte, fragt der verwirrte Leser, hat das nun mit Preisen und deren Herabsetzung zu tun? Ganz einfach, in der DDR hießen vorzeitig Strafentlassene im Volksmund »Die Preisgesenkten«.

Bitte, lieber, noch immer verwirrter Leser, erspare mir jetzt, das Rechtssystem in der DDR donnernd anzuklagen. Ich will ja nur auf diese merkwürdige Einrichtung der massenhaften Amnestie hinweisen, die von Zeit zu Zeit das volkswirtschaftliche Leben, aber auch das ganz normaler Menschen ein wenig durcheinanderbrachte.

Insgesamt gab es in den vierzig Jahren DDR elf umfangreiche Amnestien: Straftäter wurden vorzeitig entlassen, laufende Strafverfahren wurden eingestellt oder es wurde erst gar nicht Anklage erhoben. Das magische Datum für die Amnestie war zumeist der 7. Oktober, der Staatsfeiertag der DDR. Wer also Glück hatte, dem konnte ein prunkvoller Jahrestag Monate oder Jahre im Knast ersparen.

Nun scheint es im Rückblick unserer Unrechtssystem-Erforscher manchmal so, als hätten in der DDR allein politische Witzeerzähler, Plakatkleber, Republikflüchtlinge, Untergrunddrucker und aufrechte Kämpfer gegen den Honeckerismus eingesessen. Die meisten Häftlinge saßen aber auch in der DDR wegen Diebstahl und Unterschlagung, wegen Scheckbetrug, Fahrerflucht und Körperverletzung, wegen Kindesmißhandlung, Totschlag, Vergewaltigung und Mord. Weil aber die Strafen oft hoch waren, sah man sich von Zeit zu Zeit gezwungen, Platz zu schaffen.

Nun wäre eine schlichte Entlassung von Verurteilten aber dem Staat DDR nicht angemessen gewesen. Die Amnestierten sollten umfassend eingegliedert werden, ins normale Staatsbürgerleben. Sie bekamen einen Bewährungshelfer, einen Arbeitsplatz und eine Wohnung zugewiesen. Keine Frage, daß vor allem die Wohnung böses Blut unter normalen Bürgern machte: Wir warten ewig, und den Preisgesenkten wird's hinten reingeschoben! Nun waren sowohl Wohnungen als auch Arbeitsplätze nicht unbedingt von der edelsten Sorte, aber im Lande chronischen Wohnungsmangels mochten viele den »Preisgesenkten« diesen Neuanfang nicht gönnen.

In Großbetrieben erschienen nach Amnestien plötzlich Leute auf lang leerstehenden Arbeitsplätzen. Die Betriebsleitung atmete auf – endlich wieder Arbeitskräfte. Manchmal aber waren diese Leute schon nach Tagen weg. Die »Preisgesenkten« mußten wieder in den Knast einrücken, weil sie ihre Bewährungsauflagen nicht eingehalten, schlichtweg geklaut oder geprügelt hatten. Umgekehrt entstanden auch plötzliche Versorgungslücken durch Amnestien: In der DDR-Wirtschaft fehlten manchen Betrieben von Unterwellenborn bis Waldheim von heut auf morgen die fest eingeplanten Strafgefangenen – in DDR-Gefängnissen bestand meist Arbeitspflicht. Und so dauerte es dann gelegentlich ein paar Monate, bis die Gefängnisse wieder gefüllt und Gefangene wiederum volkswirtschaftlich eingeplante Straf-Arbeit machen konnten.

Das System der Wiedereingliederung von Straftätern hatte wohl seine guten Seiten; in einem Land, das den Staat als Übervater eingeführt hatte, war es nurmehr logisch. Daß die Bevölkerung Ex-Häftlingen aber nicht unbedingt wohlgesonnen war, zeigte sich auch am wörtlich abwertenden Begriff »Preisgesenkte«.

■ Natürlich kennt man heute noch diesen Begriff, zumal alle Staatsbürger der Bundesrepublik Deutschland so heißen müßten: Bundis. Doch ein bißchen Nachhilfeunterricht in Sachen Gruppennamen und Niedlichkeitsformen mag angebracht sein.

Irgendwann, wahrscheinlich als das Kind ein immer rareres Gut in Mitteleuropa wurde, schwappten infantile Sprachformen über auf die allgemeine Umgangssprache. Wo zunächst aus der Mutter die Mutti und aus dem Großvater der Opi geworden war, da machte kindliche Sprachverkürzung vor keinem Ding und Lebewesen halt. Der Spielplatz wurde zum Spieli, die Puppe zur Püppi, die Brot-Tasche (Achtung! Aussterbendes Wort!) zur Broti und Klaus, Monika und Eberhard zu Klausi, Moni und Hardi. Vielleicht war die Verniedlichung von Auto auch der eigentliche Grund für die Marke Audi, aber wir wollen der Werdung von deutschen Sammel- und Stammesnamen denn doch noch ernsthafter nachsinnen und feststellen:

Am Anfang war wohl der Wessi, oder auch das Wessi, genauer die Wessitussi. Wessitussi hießen in Westberlin nämlich schon vorzeiten die schwäbischen Landpomeranzen, die rheinländischen, aufgepeppten Abiturientinnen, die Sekretärinnen aus Erlangen und Bottrop, die wegen der Berlinförderung und des angeblich verruchten Nachtlebens seit den Fünfzigern nach Berlin (West) kamen. Wessis wurden in Berlin (West), das zu jener Zeit von Berlin (Hauptstadt) aus auch »Frontstadt« oder »selbständige politische Einheit« hieß, etwas belächelt, weil man in der Bundesrepublik so gar keine Ahnung hatte vom brausenden, schäumenden, obwohl eingemauerten

Berliner Leben. Im einzigen deutschen Musical mit Weltkarriere, der »Linie 1« aus dem (West-) Berliner Grips-Theater, wird der Begriff »Wessitussi« in die Literatur eingeführt. Das war schon in den achtziger Jahren, als »Ossi« gemeinhin noch als Verniedlichung von Oswald, Oswin oder Oskar galt.

Die DDR-Bürger hießen gelegentlich nach ihrer bevorzugten Kunstfaser Dederonis, falls man sie nicht seit sowjetischen Besatzungszonen-Zeiten Zonis nannte. Für den Ostberliner (ewiggestrig) wiederum hießen alle nichtberliner DDR-Bürger Zonis, während für den wohlwollenden Bewohner der Hauptstadt der DDR die Nichtberliner mit »aus der Republik« klassifiziert wurden.

Alle Bürger zwischen Ostsee und Erzgebirge wiederum trennten (West)Berliner nicht von Westdeutschen und nannten diese »Bundis«. Das massenhafte Vorkommen der Bundis in bis dato von DDRlern (DDRler galt bei linken und wohlwollenden Bundis als politisch korrekt) genutzten ungarischen oder bulgarischen Urlaubsgebieten führte übrigens damals zu ersten Unmutsäußerungen gegen die überheblichen, arroganten, oberflächlichen, ungebildeten, uninteressierten (hier auf Wunsch weitere Adjektive einsetzen) Stammesbürger der Bundesrepublik Deutschland in den Grenzen von 1949 einschl. Saarland und Berlin-West.

»Bundi« war dennoch der eher freundschaftlich-nachbarliche, der liebevolle Ausdruck für die Brüder und Schwestern im Westen, während der offizielle Terminus technicus »Bürger der BRD« hieß. Wenn dieser von Würdenträgern (Volkspolizist, Kaderleiter, Reichsbahnschalterbeamter) ausgesprochen wurde, dann mit einem kleinen Luftanhalten vor der Benennung und scharfen Konsonanten, also etwa so: (Pause) Pürker ter (Pause) P-R-T.

Daß schließlich das Begriffspaar Ossi-Wessi in zeitlicher Nähe zum Mauerfall in die anglo-amerikanische Weltsprache aufgenommen wurde und gelegentlich sogar in Titelzeilen von »Observer« bis »New York Herald Tribune« vorkam, sollte aufmerken lassen. Allerdings wurde die Niedlichkeitsform alsbald in Deutschland offiziell abgeschafft, man sprach nunmehr von »Ostler und Westler«. Eigentlich aber soll man heutzutage gar keine Ost-West-Unterschiede mehr benennen, sondern beschwörend ausrufen: »Wir sind doch alle Deutsche!« Das wiederum erscheint mir an Gleichmacherei zu viel wie auch zu wenig. Denn schließlich sind wir alle Europäer oder noch besser: Menschen. Die meines Wissens noch nicht Menschis heißen.

Delikat

■ Man muß sich das mit den Wörtern wie mit den Muscheltieren vor Jahrmillionen vorstellen. Zunächst verlieren sie ihr Innenleben; die äußere Kalkschale sinkt nach unten, drüber lagern sich andere tote Kalktiere. Das Ganze wird gepreßt, herausgehoben, wieder gepreßt – und irgendwann findet der aufmerksame Wanderer in den Muschelkalktälern um Jena eine vor Jahrmillionen lebendige Muschel als Abdruck. Eine ferne Saite im Wandererherzen schlägt an. War man einst nicht selbst Muschelchen ...? Bei wem sich im Angesicht des Wortes »delikat« jetzt eine ferne Saite rührt, der hat begriffen, daß es dabei eben auch um Muscheln in der Blechbüchse zum exorbitanten Preis geht.

Früher sagten die Menschen, wenn etwas außerordentlich gut schmeckte: »Wie delikat!« Ein geläufiger deutscher Ausdruck, aus dem Lateinischen übers Französische importiert, der in noch früherer Zeit auch für etwas Heikles, Bedenkliches stand. Die erste Bedeutung wird heute vollständig durch »lecker!« ausgefüllt (vgl. Werbespots, Vorabendserien und den Wortschatz altbundesländischer Gattinnen), während die zweite Wortbedeutung derzeit durch »politisch unkorrekt« ersetzt wird.

Zur politisch korrekten Bezeichnung wurde »Delikat« im Jahre 1976 in der DDR. Unter dieser Bezeichnung firmierten ab diesem Zeitpunkt Läden (i. e. Shops) »zum Verkauf hochwertiger Nahrungs- und Genußmittel«. Die hochwertigen Waren hießen Ölsardinen, Westkaffee (aus Brasilien und anderen Ländern, aus denen auch der Ostkaffee stammte), Fruchtcocktail (geschnipselte Ananas in veränderlichen Gewichtsanteilen) zum zehnfachen Westpreis, Schokolade für 3,85 Mark pro Hundertgrammtafel oder auch Muscheln in der Büchse. Das Volk nannte solch Laden »Freß-Ex« und knüpfte damit wiederum an eine seit 1962 auf dem Gebiet der DDR bestehende Ladenkette an. Diese hieß »Exquisit« und bestand aus »Einzelhandelsgeschäften, die Luxusgegenstände guter Qualität aus eigener Produktion und aus Importen zu erheblich über dem Normalniveau liegenden Preisen verkaufen.« (Quelle: Brockhaus-Lexikon)

Diese Läden wiederum – ein besonders bekannter befand sich in Berlin an der Ecke »Unter den Linden«/ »Friedrichstraße« – waren an langen Schlangen kenntlich. Als die Preise später bei Exquisit und Delikat noch mehr stiegen, wurden die Schlangen kürzer. Als »Uwubus« waren Exquisit-Geschäfte beim Volk bis in die siebziger Jahre hinein bekannt, was eine Abkürzung für »Ulbrichts-Wucher-Buden« bedeutete.

Die Uwubus und Freß-Ex' (oder schreibt man da Freß-Exe?) waren logische Fortentwicklung der 1948 entstandenen HOs, was die Abkürzung für »Handelsorganisation« war. Diese »freien Läden« – d. h., es gab Waren ohne Lebensmittelmarken – hatten zunächst auch exorbitante Preise, die nach und nach einheitlich im Lande gesenkt wurden, bis sie zu jenen feststehenden Einzelhandelsverkaufspreisen (EVP) wurden, um deren Besonderheiten der aufmerksame Leser bereits weiß.

Beide Ladensorten, »Exquisit« und »Delikat«, galten als Ergänzung zum »Intershop«, der Westware für Westgeld anbot. Der »Intershop« schöpfte im Lande befindliche Westmark ab und gab den Tanten aus München und Zehlendorf das gute Gefühl, etwas für die arme Ostverwandtschaft zu tun, wenn sie einen ganzen Zehner daließen. Deli und Ex wiederum schöpften das massenhaft in Umlauf befindliche einheimische Geld ab: Da Mieten und Grundnahrungsmittel fest blieben, die Löhne aber doch gelegentlich stiegen, waren im Lande zu viele Ostmark vorhanden. Was sollte man auch kaufen, wenn das Notwendige nur Pfennige kostete? Also schöpften die Edelläden mit ihren überhöhten Preisen Kaufkraft ab: Wer dort sich anstellte, tat folglich etwas zur Stärkung der Volkswirtschaft der DDR. Daß diese Läden weniger beliebt, denn Witz- und Haß-Gegenstand waren, versteht sich. Wer aber zu den in der DDR üppig gefeierten Festen – Jugendweihe, Hochzeit – etwas Besonderes auf den Tisch bringen wollte, ging dann doch ins Freß-Ex.

Daß dieser Staat Kaufkraft mit solchen Mitteln abschöpfte, ist selbstverständlich überaus verachtenswert. Heutzutage muß Kaufkraft nicht mehr abgeschöpft werden: Gelegentlich wird sie schlichtweg vernichtet. Wenn Aktienkurse fallen, sind damit stets Milliarden von Euro von Millionen Kleinanlegern in den Sand gesetzt. Hier fällt uns wiederum »Intershop« ein, und wir sehen, daß manche Wörter, eigentlich längst abgestorben, als schlichter Abdruck ein fröhliches Wiedersehen mit uns feiern.

Sechzig-vierzig

Zwar dient ein jedes Textstücklein in diesem Buch der Aufklärung über Wörter aus den Bereichen Schönheit, Feinsinn, Genuß und fernste deutsche Geschichte, gelegentlich aber muß man sich auf die zeit- und klassenunabhängigen Pfade realer Wissenschaften wie der Mathematik begeben. 60 : 40 bedeutet zunächst schlicht ein Verhältnis von 6 Teilen zu 4 Teilen. Alle Teile zusammen ergeben als Ganzes zum Beispiel ein Musikprogramm von in diesem Falle zehn Liedern, womit wir uns wieder aufs Gebiet der Schönheit retten.

Nun ist Schönheit ein relativer Begriff. Ein ganz schön lautes Tanzmusikprogramm zum Beispiel im Jahre 1969 auf einem Saal in Unterwellenborn (Thür.) oder Erlau (Sachs.) dargeboten, unterlag knallhart diesem Verhältnis 60 : 40, sprich: Sechzig-Vierzig. Sechs Teile des Programms mußten nämlich einheimisches Liedgut wiedergeben (Frank Schöbel, Britt Kersten, die damals ganz jungen Puhdys, Lutz Jahoda, die Theo-Schumann-Combo, Bärbel Wachholz); vier Teile konnten aus dem Westen stammen (Lennon/McCartney, Drafi Deutscher, Medium-Terzett, Nana Mouskouri). Das Ganze diente offiziell dem Schutz einheimischer Künstler und deren Tantiemen und inoffiziell dem Schutz vor imperialistischer Yeah-Yeah-Musik, die eben nur vierzig Prozent der Gehörgänge besetzen dürfen sollte. Ähnliche Schutzbestimmungen gibt es übrigens bis heute in anderen europäischen Ländern für Film, Literatur und auch Musik, zum Beispiel in Estland und Frankreich. In unserer Bundesrepublik hieße ein solches Zensur. Da ist's höchstens erlaubt, mal einen Titel wegen »Verhöhnung der deutschen Einheit« zu boykottieren oder wegen tiefer Betroffenheit über den Dienstag, den 11. September, jenen Stones-Titel »Ruby Tuesday« dem Publikum fürderhin nimmer zumuten zu wollen.

Zurück zu den finsteren Zeiten: Natürlich wollten die DDR-Tanzmusik-Combos (i. e. Bands) populäre Musik bieten, folglich spielten sie hundert Prozent West, schrieben aber auf die sog. AWA-Listen dreißig Mal »Eigenkomposition« und zwanzig Mal »Beatles«. Auch mit der Angabe »Czerwony Gitary« (Rote Gitarren) wurde der Ostanteil erhöht; was konnte der DDR-Gitarrist dafür, wenn diese polnische Rockgruppe auch nichts Beßres zu tun hatte, als die Stones zu kopieren?

Die AWA wiederum, die diese Repertoirelisten ausgab, aber nur in ideologisch brisanten Fällen deren Wahrheitsgehalt kontrollierte, war eine der heutigen GEMA vergleichbare »Anstalt zur Wahrung der Aufführungsrechte«: »Sie zieht die Gebühren für die Verwendung urheberrechtlich geschützter Musikwerke aufgrund entsprechender Verträge ein und verteilt die Gesamteinnahmen unter Abzug ihrer Kosten an die beteiligten Komponisten, Textautoren und Verlage usw. aufgrund eines Punktschlüssels, der die Spielhäufigkeit ebenso wie den künstlerischen und gesellschaftlichen Wert des Werkschaffens berücksichtigt.«

Dieser »Punktschlüssel« war in der DDR auch wieder eine delikate Angelegenheit. Im Politbüro der AWA (»Aufsichtsrat«) saß zum Beispiel ein Anverwandter der obersten Kulturbeamtin und achtete darauf, daß wertvolles Liedgut – Schlager gegen NATO-Raketen, gegen Hunger in der dritten Welt, für die bewaffneten Organe der DDR, für die kluge Kulturpolitik der Partei – viele Punkte, sprich: hohe Honorarzuweisungen bekam. Die AWA hatte darüber hinaus, wie DDR-Künstlerverbände, sozialpolitische Aufgaben: Sie besaß Erholungsheime und sorgte sich um Renten- und Krankenversicherung der AWA-Berechtigten.

Als die AWA nach 1989 von der nunmehr gesamtdeutschen GEMA übernommen und abgewickelt wurde, hatte sich immerhin eine erkleckliche Geldmenge angesammelt, die unter anderem dazu diente, noch zehn Jahre lang juristischen Abwicklern ein fürstliches Honorar zu zahlen, die dann den einst AWA-Berechtigten Ausschüttungen von bis zu 107,23 DM aus dem Verkauf früherer AWA-Immobilien zukommen ließen. Ob diese Geldmenge im Verhältnis 40 : 60 West zu Ost verteilt wurde, entzieht sich meiner Kenntnis. Auch weiß ich nicht, ob die angesammelten Einkünfte von Schlagerkönig Ost, Arndt Bause, zu Schlagerkaiser West, Ralph Maria Siegel, im Verhältnis 60 : 40 stehen. Immerhin will ich jetzt gern glauben, daß der Leser dieser Zeilen in Zukunft, wenn ihm irgendwo der Begriff »Sechzig-Vierzig« unterkommt, dies sogleich dechiffrieren kann als ironisch-sarkastische Reminiszenz an frühere Verhältnisse.

Antragsteller

Dies ist schöne deutsche Fügung: Einen Antrag stellen. Wir wissen vom Berufsrevolutionär Lenin, daß er die Deutschen so charakterisierte: Bevor sie einen Bahnhof stürmen, lösen sie eine Bahnsteigkarte. Der Autor Andrzej Stasiuk schrieb über sein Volk: Man kann über die Polen sagen, was man will, aber wenn's drauf ankommt, dem Staat eins auszuwischen, ist keiner besser.

Wenn's drauf ankommt, einen Antrag zu stellen, ist keiner ordentlicher als wir Deutschen. Heutzutage hat man für diesen Vorgang sogar die an Feudalzeiten erinnernde Formulierung: »Eine Petition überreichen.« Also eine Bittschrift an den Souverän zu richten, der in diesem Fall nicht Volk, sondern Bundestagspräsident, Staatsminister oder Landrat heißt. In der DDR nannte sich die Beschwerde »Eingabe«, was übrigens bis heute Westdeutsche als besonders untertänige Formulierung empfinden, während »Petition« für sie der offensichtlich normale Umgang von Bürger zu Bürger-Meister bedeutet.

Doch wir wollen hier nicht die Eingabe aus tiefer DDR-Zeit behandeln, sondern ergründen, was »einen Antrag stellen« damals im engeren Sinn bedeutete.

Wer einen Antrag stellte, der wischte damit seinem Staat eins aus. Der »Antrag« war ein »Antrag auf Ausreise aus der DDR«, ein Karteikärtchen im Format A 6. Wurde der Antrag genehmigt, erhielt der Antragsteller eine »Identitätsbescheinigung« mit dem gestempelten Vermerk »Visum Nr. 6 gültig zur einmaligen Ausreise nach der BRD zur ständigen Ausreise«.

Es ist immer ein Unding, wenn man für einen Wohnsitzwechsel oder den zeitweiligen Aufenthalt an einem anderen Ort jemanden um Erlaubnis bitten soll, der weder erziehungsberechtigt noch ein geliebter Anverwandter ist. In der DDR war es so tief verwurzelt, daß der Bürger seinem Staat »gehörte«, daß der Staat für alles und jedes um Erlaubnis gebeten werden wollte. Also auch um Ausreise. In der BRD wurde damals zu Recht darauf verwiesen, daß es das Normalste der Welt sei, wenn jemand von »Deutschland« nach »Deutschland« wolle. Abgesehen davon, daß es einst zwei Deutschländer gab, verweisen wir an dieser Stelle darauf, daß es auch normal ist, wenn jemand von Europa nach Europa, von der Welt nach der Welt will. Selbst wenn es heutzutage drei Welten geben soll. Den Einwand, daß man eben nur »innerhalb seines Volkes« Freizügigkeit haben könne, darf man in Zeiten, da Staaten kaum noch völkisch geprägt sind, vergessen.

Der »Antragsteller« in der DDR jedenfalls war die kleinste Zelle des Widerstands. Er teilte schriftlich mit, daß er seinen Staat nicht mehr grenzenlos liebte; er wollte ihn verlassen. Der gekränkte Staat spielte Scheidungskrieg. Dabei mochte der Antragsteller vielleicht nur seinen Angehörigen in Bayern so sehr, daß er dort mit dem zusammenleben wollte.

Der Umgang mit Antragstellern war, nach meiner Erfahrung, außerordentlich vielfältig: Es gab Leute, die stellten den Antrag, lebten unbehelligt weiter, und nach Jahren bekamen sie – meist plötzlich – die Genehmigung und große Container vor die Tür gestellt. Anderen wurde der Antrag sofort abgelehnt; blieben sie hartnäckig, wurden sie »wegen Beeinträchtigung staatlicher Tätigkeit« verhaftet. Manchmal bekamen sie ein Urteil und wurden später in den Westen entlassen, manchmal wurden sie vom Westen freigekauft, manchmal landeten sie wieder in der DDR und stellten erneut »den Antrag«.

Hatte ein Antragsteller eine Funktion, war er Lehrer oder Kulturhausleiter, erhielt er zunächst ein klassisches Berufsverbot. Wegen des überall herrschenden Arbeitskräftemangels aber bekam er meist schnell andere Arbeit. Wer in volkswirtschaftlich wichtigen Großbetrieben an wenig herausgehobener Stelle arbeitete, dem geschah gar nichts. Nein, für längere Zeit arbeitslos wurde niemand; Friedhofsgärtner oder Bühnenarbeiter waren oft Menschen, die den Antrag gestellt hatten und nun warteten auf den Abruf, der nicht kam. Also schaufelten sie Gräber oder schoben Kulissen.

Untereinander zeigten Antragsteller Flagge: Durch ein weißes Bändchen an der Autoantenne, wie zur Brautfahrt. Der Staat befand dies als »Gefährdung der öffentlichen Sicherheit«.

Ein perfider Umgang mit manchem Antragsteller bestand darin, daß man ihm den Personalausweis, sprich PA entzog, und ihn mit einem »Vorläufigen Personalausweis«, sprich PM 12, ausstattete. Dies geschah meist den »Politischen« unter den Antragstellern. Mit einem PM 12 konnte man nicht einmal zu den Tschechen fahren – abgesehen davon, daß ein solcher PM 12 bei normalen Kontrollen die Organe sogleich aufmerken ließ: Hier ist jemand, der uns nicht lieb hat. Der unserm Staat eins auswischen will! Ha! Da werden wir dem Antragsteller mal ein Bein stellen ...

Reisekader

■ Es gab Zeiten, da hieß Reise noch nicht Trip oder Journey, und ein Bürger, der sich dienstlich außerhalb enger Grenzen der Deutschen Demokratischen Republik begab, hieß Reisekader.

Kader ist nun nicht, wie rheinische Freunde vermuten könnten, die landestypische, also sächsische Form eines männlichen Haustieres, sondern ein alter Begriff für den Kern einer Militärtruppe, meist aus Berufsoffizieren bestehend. Den Kader gab es nur in der Mehrzahl; in der Schweiz heißen die Kernsoldaten der Heimatschutztruppe noch heute Kader.

In der sowjetdeutschen Bürosprache wurde der Kader individualisiert: ein einzelner Gegenstand der Kaderpolitik, »der planmäßigen Entwicklung von fachlich und gesellschaftlich qualifizierten Nachwuchskräften«, hieß Kader. Hoffnungsvoller Kader. Einsatz-Kader. Kader aus den Reihen der Intelligenz. Gehorsamer Kader: sprachlich nicht verwandt mit dem Kadavergehorsam.

Im Kaderspiegel, der »listenförmigen, leicht überschaubaren Zusammenstellung der wichtigsten Angaben aus den Kaderakten aller Belegschaftsmitglieder eines sozialistischen Betriebes«, stand alles, was der Kaderleiter wissen mußte. Wir bewundern das Wort »listenförmig« – heutzutage erhält der Personalchef (Aufgaben: siehe Kaderleiter) durch Mouseklick ganz ohne Listen die gespeicherten Angaben, die ihm bei der Verschlankung des Betriebes behilflich sein können. (Geschlecht, Alter, Krankheitslage, Gewerkschaftszugehörigkeit, Abfindungshöhe usw.) Natürlich wissen wir, daß personenzugehörige Daten nur in ganz, ganz außergewöhnlichen Fällen (Gefahr im Verzug) gespeichert werden dürfen. Allerdings steht die Privatwirtschaft außerhalb und absolut unabhängig von staatlich datengeschützten Strukturen.

Zurück zum Kader. Wenn ein solcher auf Reisen ging, so war das keine Kaderpartie, wie Billardkenner wissen, denn für die ist die Kaderpartie ein Spiel auf der neunfach geteilten Fläche des Billardtisches. Der Reisekader als solcher zerfiel nur in zwei Teile: Den Reisekader NSW und den Reisekader SW. Wir vernachlässigen den SW für das Sozialistische Wirtschaftssystem, denn der kam eh nur nach Kiew oder Rzeszow, und wenden uns dem schönen NSW zu. Das Nichtsozialistische Wirtschaftssystem war die ganze Welt von Indien bis Lüdenscheid, von Angola (relativ oft) bis Oklahoma (sehr, sehr selten). Das NSW begann für den Reisekader gleich hinter dem Bahnhof Friedrichstraße, und wenn es dort sehr verlockend war, blieb der Reisekader für immer dort. Das war dann wieder Grund dafür, die Kaderpolitik noch stärker zu intensivieren, sprich: die NSW-Reisekader noch genauer zu durchleuchten. Es stellte sich die Klassenfrage, ob es den zu entwickelnden Nachwuchskadern nicht vielleicht im Westen besser gefallen könnte, als sie vor der Kaderleiterin zuzugeben bereit waren, daß es ihnen gefallen werde.

Tief im vorigen Jahrhundert arbeitete ich mal bei einem Großbetrieb mit vielen internationalen Beziehungen, dem VEB Carl Zeiss Jena. Dort stöhnte ein Kollege: Nächste Woche muß ich für einen halben Monat nach Brasilien. Der zweite war sauer, daß er eine Anlage für Portugal abnehmen mußte und schon wieder dahin fliegen sollte. Ach, wie gerne wäre auch ich Reisekader gewesen – bei guter Führung bekam ich eine Dienstreise ins Rechenzentrum Merseburg. Ich wußte damals nicht, daß das Brot des Reisekaders selten süß und weich war. Es wurden Vor-, Zwischen- und Abschlußberichte verlangt, die natürlich auch an die geheimen Dienststellen gelangten oder gelangt wurden, und die Tagegelder waren auch nicht so üppig: Es reichte gerade noch für eine Kinderüberraschung und ein paar Neckermann-Nylonstrümpfe. Zwar bekam ein NSW-Reisekader einen sogenannten »Sicherheitsbetrag« in Dollar mit, falls er doch mal Taxi fahren mußte oder den Geschäftspartner in die Karaoke-Bar einladen, doch wer seinen Sicherheitsbetrag zu oft und ohne verbuchbaren Grund ausgab, fiel womöglich aus der listenförmigen Zusammenstellung der NSW-Kader heraus.

Aber da gab es doch auch welche mit Dauerpaß!, höre ich einen Einwand meiner geschätzten und informierten Leserschaft. Die konnten dauernd! Und Westgeld verdienen! Solches fällt nicht unter den gemeinen NSW-Reisekader und folglich aus dieser kurzen Betrachtung heraus. Auch wollen wir nach über einem Dutzend Jahren einheitlicher Reiseland-Weltmeisterschaft die böse, böse Neid-Diskussion beenden. Have a nice trip!

Autoanmeldung

■ Wir sehen einen Sketch im televisionären Schwarzweiß der sechziger Jahre. Großer Dünner fragt kleinen Dicken: Wie lang ist ein Trabant? Als Kenner wissen wir, daß mit dem Trabant kein Mond oder Begleiter gemeint ist, sondern das stämmige Volksauto aus Zwickau. Der kleine Dicke rudert mit den Armen, der Lange hakt nach, der Kleine rettet sich schließlich: Am längsten am Trabant ... ist die Wartezeit! Das Volk der schwarzweißen Jahre lacht. Wir erklären den Witz:

Man mag es sich in Zeiten, wo Autobauer versuchen, so viel wie möglich ihrer Produkte zu verkaufen, kaum vorstellen, daß es in der DDR zwar Autohäuser gegeben haben soll, welche aber kein Auto der Wunschmarke in Wunschfarbe plus Wunschausstattung verkauften. Gewiß, auch heute kann es vorkommen, daß die Metallic-Malvenlack-Version gerade nicht am Lager ist. Auch jenes Modell mit dem lasergesteuerten Zigarrenabschneider muß direkt ab Werk bestellt werden und kann Wochen dauern. In der DDR wurde die Wartezeit auf ein Auto nicht nach Wochen, Monaten oder Jahren gerechnet – irgendwann betrug sie Jahrzehnte. Das Auto kam auch nicht nach fester Strafzeit, wie zum Beispiel die Jugendweihe nach vierzehn DDR-Lebensjahren, sondern verschob sich nach hinten. Ein 89er Anmelder hätte im übernächsten Sommer vielleicht die halbe Zeit abgesessen ...

Im allgemeinen konnte man rechnen: Je tiefer die Provinz, desto länger die Wartezeit. Wo Berliner einen schlichten Wagen namens Trabant, Wartburg, Skoda, Lada oder Dacia womöglich schon nach sieben oder neun Jahren bekommen konnten, wurde Gebirglern in

Karl-Marx-Stadt oder Suhl die doppelte Wartezeit aufgebrummt. Wollten sie dann noch einen Wartburg-Tourist, der manchmal auch Kombi oder Camping hieß, war fraglich, ob man noch vor der Rente zum Autobesitzer befördert wurde.

Nun hätte man für den eben geborenen Sprößling ja nur eine PKW-Bestellung aufgeben müssen, und pünktlich zur Volljährigkeit hätte der Wagen für 13 000 DDR-Mark vor der Tür gestanden ... Leider durfte man erst ab achtzehn ein Auto anmelden und mußte dann auch noch bestätigen, daß man keine zweite Bestellung, womöglich am Ort des Nebenwohnsitzes, laufen hatte ...

Die Wartezeit für einen Neuwagen konnte man selbstverständlich umgehen, indem man einen Gebrauchtwagen kaufte. Der war doppelt so teuer. Obwohl er laut offiziellem Kaufvertrag weniger als ein Fabrikneuer kostete. Wunder über Wunder in einem Land, in welchem die umfassende Befriedigung der Bedürfnisse der Werktätigen stets als oberstes Gebot verkündet wurde.

Daß zum Beispiel der Trabbi das Auto der Welt war, das am längsten in Serie produziert wurde, störte eigentlich nur die Zwickauer Entwicklungsingenieure. Sie konnten nie beweisen, daß sie mindestens so gut wie die Wolfsburger, die Ingolstädter oder Untertürkheimer waren. Irgendwann hatte man nämlich in oberster Auto-Experten-Runde, sprich: bei Günter Mittags Politbüro-Zustimmern, beschlossen, daß man neue Autos auch im Norden und im fernen Osten einkaufen könne. Und so kamen nun, streng limitiert, Mazdas oder Volvos zur Auslieferung – für besonders wichtige Handwerksmeister, Künstler oder Werkleiter mit guten Beziehungen zum

Genossen Mittag, Ober-Volkswirt der DDR. Doch wehe ein Provinzler mit viel Geld kam auf die Idee, nun auch »Platz da für mein' Mazda!« rufen zu wollen. Dem wurde unbestätigten Zeugenaussagen zufolge ausdrücklich erklärt: Importwagen sind zur Verschönerung des Verkehrsbildes der Hauptstadt gedacht ... Weshalb man Berliner Autos mit dem Kennzeichen I(gittegitt) überall im Lande mochte und manch trunkener Jung-Sachse seine Begeisterung tief in deren Lack kratzte.

Gelegentlich ereilte einen Wartenden auch ein Schreiben: Sie haben bereits jetzt Gelegenheit, ein Kfz zu erwerben, der Marke Saporoshez. Wer dann ein solches Auto kaufte, mußte sich diesen Witz anhören: Weißt du, warum der Sappi mit zwei Löchern im Wagendach geliefert wird? Damit der Käufer seine Eselsohren durchstecken kann ...

Damit auch dies Stücklein positiv endet, wollen wir darauf verweisen, daß die Wartezeit auf ein Auto viel Gutes bewirkte. Die DDR-Autobahnen kannten keinen Stau, und die Mitarbeiter des VEB IFA Vertrieb hatten ihr Auskommen bis ans Lebensende. Der DDR.

Ottokar Domma und Alfons Zitterbacke

Manche Phantasiefiguren aus entschwundenen Welten, als Kinder noch Bücher lasen, müssen erklärt werden. Mit den beiden Rangen, wie man in besagter Vorzeit zu jenen Menschenlehrlingen sagte, die wir jetzt gar neckisch Kids heißen, den Knaben (jugendbuchdeutsch) beziehungsweise Buben (christliches Sozialdeutsch) Ottokar und Alfons hat es jedenfalls eine Bewandtnis, bei der sich harter Realismus und rosenrote Romantik aufs Merkwürdigste mischen.

Nehmen wir zunächst jenen Ottokar Domma, der als »Der brave Schüler Ottokar« bis »Ottokar, das Früchtchen« in vielen Büchern herumspukt. Sein Nachname Domma führt uns auf die richtige Spur, ins echt böhmische Dorf. »Domma« heißt in diversen slawischen Sprachen, natürlich auch im Tschechischen, zu Hause, daheim oder Haus. Der Volksbildungs-Mensch und Journalist Otto Häuser hingegen stammt direkt aus dem Böhmischen und mochte unter seinem den Vorgesetzten bekannten Namen keine heiteren Schulgeschichten in der Satirezeitung »Eulenspiegel« veröffentlichen. So machte er den »Häuser« zum »Domma« und schrieb unter diesem Pseudonym und aus der Sicht eines Elfjährigen Kinder- und Pioniergeschichten, die humorvoll (ziemlich selten in der DDR) den Bildungsbetrieb von unten anschauten. Da gab es den Pilei, also den Pionierleiter, und die Lehrer Herrn Burschelmann und Fräulein Heidenröslein sowie Schuldirektor Keiler, aber auch Freund Harald und Schweinesigi.

Ottokar erzählte aus ganz naiver Sicht, was ihm seltsam vorkam in der Schule. Und weil dieser Humor vom braven Soldaten Schwejk etwas abbekommen hatte, wurde Domma unter Erwachsenen zur beliebten Figur. Bei Lesungen des Eulenspiegel Verlages zog Otto Häuser folglich ein erstaunlich großes Publikum an – das oft als humorlos gescholtene deutsche Volk hatte, solange es DDR-förmig war, ein gewaltiges Bedürfnis nach kollektivem Lachen.

»Kollektives Lachen« war zum Beispiel im Jahr 1958 ein bei Wissenschaftlern gern gebrauchter Begriff, in jenem Jahr, als das Kinderbuch »Alfons Zitterbacke« erschien. Vier Jahre später hieß die Fortsetzung »Alfons Zitterbacke hat wieder Ärger«.

Ganz auftragsgemäß entstand im Kinderbuchverlag Berlin die Figur des Pechvogels Alfons, eines etwas unbeholfenen, träumerischen, aber nichtsdestotrotz immer sehr vorbildlich sein wollenden Schülers. Zitterbacke-Erfinder, der FDJ-Funktionär, Redakteur und Schriftsteller Gerhard Holtz-Baumert, führt in seinem Buch eine Lektorin, die Dame Zweu ein, die sich die unglaublichen Geschichten des Alfons erzählen läßt, ausgiebig darüber lacht – Zitterbacke weiß nie, warum – und ein Buch draus macht.

Nun ist schon der Name »Zitterbacke« für heutige Lach- und Sachforscher ein typisches Relikt angestrengter Humorigkeit im Sozialismus. Vergleicht man die Zitterbacke-Geschichten aber mit denen üblicher deutscher Jugendbücher aus jener Zeit, haben sie offensichtlich genau jenen Witz und jene Tiefe, die Kinder mögen. Sollte es denn nur am mangelnden Angebot gelegen haben, daß Zitterbacke von den Kinderbibliotheksnutzern so heftig geliebt wurde? Man kannte damals die Pinocchio-Geschichten wie auch »Zwiebelchen« des Italieners Gianni Rodari; beliebt waren »Ede und Unku«, »Die rote Zora und ihre Bande« oder »Sally Bleistift in Amerika«, Jugendbücher aus den Zwanzigern bis Vierzigern. Natürlich wurde ein Arkadi Gaidar und sein Kinderbuch von 1940, »Timur und sein Trupp«, heftig gelesen – auch Alfons Zitterbacke kennt dies und will nun selbst »Timurhelfer« sein. Dazu muß schon wieder erklärt werden: Timur, Sowjetschüler, lebt kurz vor Ausbruch des Krieges am Rande Moskaus in einer Datschenkolonie und beginnt, mit seinen Freunden alten Leuten und Revolutionsveteranen zu helfen. Doch er will seine Hilfe geheimhalten, ganz so, wie sein zwanzig Jahre später lebender deutscher Nachfahr Alfons. Zitterbacke aber geraten all seine Hilfsversuche zu Katastrophen; in der DDR war der Heroismus eines Timur nurmehr in der Farce möglich, könnte der heutige gutwillige Einordner feststellen. Eine kommunistische Unterwanderung durch Alfons und Ottokar hingegen muß unsere stabile demokratische Gesellschaft kaum fürchten. Die stabile demokratische Gesellschaft liest keine Papierbücher.

Halbstark

■ Es gibt im Deutschen eine heftige Trennung zwischen offiziellem Amtsdeutsch und der Umgangssprache, welche derzeit in peinlichen Amerikanismen mündet. Die Werbung und die Herren in schicker Sparkassenkleidung empfinden anglisiertes Deutsch als besonders anmachend, lässig und modern. Letzteres Wort sprechen sie dann moddern aus, was nicht mit Moder oder im Schlamm wühlen (vgl. auch Modder und maddern) zu übersetzen ist.

Eine ganze Menschengruppe wird heute offiziell als »junge Erwachsene« oder »Heranwachsende« klassifiziert, in Werbung und Mode aber heißen sie Teens, Girlies oder Youngsters. Das Volk wiederum hat das Bestreben, Girls mit durchaus deutschen Begriffen zu belegen: Braut, Torte oder Tussi sind übliche Kennzeichnungen für junge Leute von jungen Leuten. All diese Bräute, Torten oder Teens aber wurden früher als »Halbstarke« klassifiziert, was sich lexikalisch im Jahre 1995 so liest: »In den 1950er Jahren Bezeichnung für aggressive Jugendliche, die meist in Gruppen oder Banden auftraten oder in Großstädten sogar massenhaft Halbstarkenkrawalle veranstalteten.«

Du siehst, lieber Leser, es gibt Worte, die in beide Hälften des einst geteilten Deutschlands weisen und nahezu gleich bewertet wurden. Natürlich haßten die »Ganzstarken« überall Heranwachsende, die mit Ringelsocken, engen Hosen, einer Frisur, die »Entenarsch« genannt wurde, und tragbaren Rundfunkempfängern namens »Kofferheule« ihre Verachtung für arbeitsame Anzugträger ausdrückten. Die Krawalle dieser Gruppen wurden gesamtdeutsch von der Polizei unterdrückt – im Westen aber bewältigte man die Verstörung auch durch einen Song zu Rock'n-Roll-Akkorden: »Halbstark! O Baby, Baby, halbstark!«, denn mit Musik und deren Kommerzialisierung wußte man dort Jugendbewegungen noch immer zu kanalisieren. Im Osten wurden die Halbstarken hingegen sogleich als imperialistische Agenten enttarnt, die nie und nimmer auf dem Boden eines von Ausbeutung freien Systems wachsen könnten.

Wie aber Gruppen und deren Verhalten tatsächlich von West nach Ost wanderten, ist an einer anderen Formation von Störenfrieden (merkst Du, liebe Leserin, was für sprechende Begriffe unsre unmodische olle deutsche Sprache hat?) zu sehen: Fußball-Rabauken hießen in England Hooligans. Als Chuliganzi tauchten sie in der Sowjetunion auf und waren dort sogleich Klassenname für alle klassenlosen Subjekte, sprich Jugendliche, junge Erwachsene und Ausbrecher aus der staatlichen Obhut, also jene, die nicht in verbindlicher Sowjetnorm leben wollten.

Die Halbstarken in der DDR wurden mit brachialen Mitteln bekämpft; in den fünfziger Jahren war gezielte Ausspähung und Zersetzung noch nicht üblich. Statt dessen gab es martialische Polizeieinsätze, so in Halle, bei denen Verletzte und sogar Tote einkalkuliert wurden. Aus den Halbstarken wurden offiziell »Rowdies« – hier kam die englische Sprache zupaß, denn so wußte auch Oma Müller, daß es sich um fernwestliche Radaubrüder handeln mußte. Radau, Rabauke und Rowdy haben sprachlich übrigens keine Gemeinsamkeit. Der Radau kommt als lautmalerischer Krawall aus dem Berliner Rotwelsch, der Rabauke aus dem Lateinischen. Die Rowdies hingegen wurden in der DDR fast offiziell als »Roffdies« bezeichnet, den wo kommen wir denn hin, wenn wir Wörter nicht so aussprechen dürfen, wie sie geschrieben stehen? Welche Angst die ältere Generation vor dem Wort »Rowdie« hatte, merkte ich noch in den frühen achtziger Jahren, als ich in einer »Weltbühnen«-Glosse über die Aufrüstung der Wintersportler von »Material-Rowdies« schrieb. Mein guter alter Redakteur bat mich händeringend, doch auf das Wort Rowdie zu verzichten. Ich könne mich nicht auf Satire herausreden. Rowdies seien in der DDR ein für allemal als westliche Unheilsbringer entlarvt worden, und das Wort dürfe nie im Garten sozialistischer Literatur blühen ...

Vermutlich waren die Halbstarken zu dieser Zeit schon so out und over, daß ich gar nicht auf die Idee kam, sie meinem guten alten Redakteur als Wort-Ersatz anzubieten. Wir einigten uns dann auf Fläz – keine Frage, daß in den 1950ern die Rowdies zwar als flegelhaft und fläzig galten, aber ganz treudeutsch und verständlich zunächst nur halbstark hießen.

ml. WA

■ In Anzeigen und deren Abkürzungen blüht eine ganze Kultur auf. Ob da ein optmist. ein christl. ein ehrl. ein zuverl. ein handwerkl. begab. oder auch ein Partner m. Neig. z. SM gesucht wird, wir wissen es zu deuten und vermuten gar nicht erst, daß sich die SM-Neig. als eine Neigung zum Landkreis Schmalkalden-Meiningen erweisen könnte.

Schauen wir hingegen in frühere Blätter, so grübeln wir: War kv. immer kriegsverwendungsfähig und uk. unabkömmlich? Und was war eine NS-Dnst.st.? Ist die ges. Stell. eine gesellschaftliche oder eine gesicherte Stellung? Was verbarg sich hinter ar. und freid., was war vd. oder sem.? Wir wollen dies mal als arisch, freidenkerisch, volksdeutsch und semitisch deuten und vermuten, daß dies keinesfalls in einer einzigen Anzeige aufeinandertreffen konnte. Wenn derzeit GST in der Annonce steht, so sollte dies Geschäftsstelle bedeuten, früher wäre es die »Gesellschaft für Sport und Technik« gewesen, wie auch das Auto-Kennzeichen BGL nur bei alten Ostlern lächerlich anmutet, weil es an die »Betriebsgewerkschaftsleitung« denken läßt, während jeder Bayer weiß, daß sein Berchtesgadener Land eine ganz und gar ernsthafte und alpine Angelegenheit ist.

Die Abkürzung in DDR-Partnerschaftsanzeigen, die damals meist »Ehewünsche/weibl.« oder »männl.« übertitelt waren, bereiten dem Nichteingeweihten heute manch Kopfzerbrechen. Was bedeutete es, wenn nach den taktisch-technischen Angaben (Beruf/Alter/Größe/Gewicht) folgte: ml. WA. Auch ganz großbuchstabig MLWA?

Die »marxistisch-leninistische Weltanschauung« war

offensichtlich ein wichtiges Element, um gemeinsame Herzensbildung, gemeinsame Wertevorstellungen und gemeinsame Kindererziehung verwirklichen zu können. Man stelle sich vor, der Ehemann hat jene Ansichten der fortschrittlichsten Teile der Arbeiterklasse, also die ml. WA verinnerlicht, während seine Frau trotzkistischen, anarchistischen, maoistischen oder gar fundamentalistisch-christlichen Anschauungen huldigt. Es wäre nur eine Frage der Zeit, bis der Ehemann ein Scheidungsbegehren einreichen müßte, mit der Begründung, seine Frau sei gesellschaftlich mit ihm nicht mitgewachsen beziehungsweise habe ihre im Ansatz immer vorhandene kleinbürgerlich-opportunistische Lebensweise nie abgelegt. (Führt ihren Eltern zuliebe einen Briefw. ins kap. Ausl.)

Der Ehemann wäre über kurz oder lang wieder als Anzeige zu haben gewesen: »Su. n. gr. Entt. anschmiegs. Kätzch. m. ml. WA.« Auch die Ehefrau hätte sich womöglich aufs Neue annonciert, also angeboten: »Jung-gebl. Waage wü. Zweitehe m. symp. tol. Partner ab 50.« Vielleicht hätte die Anzeigen-Aufnahme-Dame bei der »Waage« mit der Stirn gerunzelt: Astrologischem Unsinn wollen wir eigentlich keinen Vorschub leisten ...

Die Inserate in der DDR unterlagen strenger Kontrolle – waren aber von Blatt zu Blatt sehr verschieden. Beim »Neuen Deutschland« verstand sich die ml. WA vermutlich von selbst, im »Magazin«, einem gehobenen Unterhaltungs-Kompendium, das bis heute lebt, durften irgendwann dann auch Partnerschaftsanzeigen unter männl./männl. oder weibl./weibl. gedruckt werden. Meinem Kollegen, dem »Wochenpost«-Feuilletonisten

Heinz Knobloch, gelang es, bei Studienreisen und Lesungen im Ausland die Spezifik der DDR allein anhand von »Wochenpost«-Anzeigen zu erklären: Warum stand da »Suche Bücher über den 2. Weltkrieg (außer 33-45)«; was bedeuteten die vielen »blauen Fliesen« in Tauschanzeigen, was hatte es zu sagen, wenn ein »gleichgesinntes Ehepaar« gesucht wurde, ohne daß man wußte, welch gleichen Sinnes man da zu sein hatte?

Die Geschichte der DDR-Anzeigen ist immer auch eine Geschichte ihrer Unterwanderung. Als einer meiner Freunde versuchte, eine private Scheunen-Galerie zu eröffnen, wollte er eine Annonce in die Lokalzeitung setzen: »Suche Original-Gemälde von Picasso. Angeb. an Galerie Schloßkulm.« Die Verhandlungen über diese Annonce liefen lange, zumal die ahnungslose Anzeigentante zunächst Text plus Gebühr entgegennahm – warum soll man im Umland von Schloßkulm wissen müssen, daß ein Picasso-Gemälde im Organ der Kreisleitung der SED eine Provokation ist?

Unsere Gesellschaft hingegen verschluckt jede Provokation, sofern sie als bezahlte Anzeige daherkommt. Wenn die MLWA bezahlt wird, wird sie gedruckt. Verkürzt sowieso.

Knorke

Es klingt merkwürdig, wenn der verwitterte Conférencier seinem weit oberhalb der besten Jahre verharrenden Publikum im Brustton der Überzeugung verkündet, die Stimmung im Saale sei oberaffengeil. Und nachschiebt: Kids, ihr macht eine Super-Schaffe! Gleich kräuseln sich dem zeit- und sprachbewußten Menschen ob dieser Vermischung ganzer Epochen die Fingernägel.

Jede Generation hat ihre Kraftausdrücke. Aber auch jede Gegend beharrt auf sprachlichen Besonderheiten. »Sauber!« in Bayern meint eben etwas anderes, als die Feststellung von Reinlichkeit im sprachgesäuberten Restdeutschland. So, wie der ortstypische Ausdruck in der Fremde deplaciert wirken kann, so wirkt zeitgebundene Jugendsprache im besten Falle falsch, viel öfter aber gruselig und anbiedernd. Kommt man mit dem angeblich neuesten Schlagwort ein paar Jahre zu spät, so ist die Peinlichkeit nicht zu überbieten. Überspringt man aber zwei, drei Generationen, so sind die Wörter von einst plötzlich witzig, charmant, unterhaltend, ja vortrefflich. »Vortrefflich« ist zum Beispiel ein Kraftausdruck aus Salons der Goethezeit – die Kraft lag damals noch im deutschen, im trefflichen Ausdruck. »Superb«, französelten später besonders gern die Damen. Beim dänischen Märchenerzähler Hans Christian Andersen ist dies nachzulesen.

Vor achtzig Jahren gab es ein zeit- und ortsgebundenes Kraftwort, dessen Herkunft bis heute nicht genau zu deuten ist: »Knorke«. Knorke sagte der waschechte Berliner, sofern er native speaker (Eingeborener) war. Wer im Deutschen Reich auf sich hielt, benutzte alsbald dieses knorke Wort »Knorke«. Laut Wörterbuch gilt es als

Ausruf, der »vorzüglich« bedeuten soll. Zwar weiß man nicht, wovon sich dieses in ein knackiges Wort umgesetzte höchste Entzücken herleiten könnte, aber man weiß, wann es sprachlich veraktet wurde: 1928 von Lasch und 1934 von H. Kügler in der »Zeitschrift für Deutschkunde«. Ist's nicht großartig, daß wir auch dann, wenn wir nicht genau wissen, was irgend etwas bedeutet, doch immer sagen können, wann zuerst mitgeteilt wurde, daß wir das nicht genau wissen ...?

An dieser Stelle will ich einschieben, daß mich nach Veröffentlichung dieses Beitrags in der Zeitung mehrere Leserbriefe erreichten: Knorke sei nach einem Berliner Ausflugslokal beziehungsweise dessen Inhaber Gustav Knorke benannt, der auf seinem Gaststättenschild mitteilen ließ: »Knorke, det is jut.« Schauspieler Armin Mueller-Stahl habe dies so beschrieben. Andere teilten mit, es sei als Reimwort zu Lorke ein Kaffee-Wort und käme ansonsten von »knorrig« wie auch aus dem Jiddischen. Gut, das sind Leserbriefe und Schauspieler – Lexika wissen davon nichts.

Knorkes Berlinisch war eine Zeitlang in, also formidabel, bellissimo, cool oder, um es auch dem Verein Deutsche Sprache e. V. mit Sitz in Dortmund bei Essen (!) schmackhaft (!!) zu machen: von großer Anziehungskraft. Eine knorke Truppe von Sprachwächtern (i. e. marshalls, übersetzt: language body guards, was veraltet Sprachkörperschützer heißen müßte) ist das übrigens. Die Truppe findet es nichtsdestotrotz shit, wenn wir uns undeutsch anmotzen, also im fuckin' slang belöffeln.

Zur Knorke-Zeit war in Berlin auch der schöne Begriff »Keule« für Bruder üblich; da der gemeine Berliner seit etwa vierzig Jahren vom eingewanderten Sachsen resp. Schwaben ausgerottet wurde und wird, findet sich die Keule als schlagkräftiges Verwandtschaftsverhältnis wohl nur noch im Sprachmuseum.

Der Leser mit ein bißchen DDR- und Lebenserfahrung wird sich hingegen noch daran erinnern, daß geile Sachen einst als dufte bezeichnet wurden. Das war zu jenen Petticoat-Zeiten, als geil wiederum schlichtweg paarungsbereit bedeutete, während heute von Angela Merkels Gicksern bis zu Joseph Fischers ministeriellem Bratenrock alles supergeil ist. Lebten wir vor vierzig Jahren, wäre alles dufte. Chruschtschows Politik war, jawoll! janz dufte. Wurde das Pfingsttreffen der Freien Deutschen Jugend nicht offiziell, im Parteischwungdeutsch, als »dufte« eingeordnet?

Beginnend mit den frühen Sechzigern war dann alles schau oder Sahne. Eine schaue Sahne war zum Beispiel die Knitte, was ein junges weibliches Wesen vorstellte. Derzeit ist fast alles lecker, vergleiche hierzu auch den Beitrag »delikat«. Lecker ist, bei Lichte besehen sprachlicher Import: lekker heißt im Niederländischen schön. Am Niederrhein ist ein lecker Mädche folglich schon immer ein Wesen von hervorstechendem Liebreiz. Super und toll hingegen sind derzeit die fürnehmsten Bezeichnungen von zeitgenössischen Gesangsdarbietungen, welche einst Schlager waren und heute Hits heißen. Wenn sie den Zeitgeist treffen, sind sie angesagt und hip, auch supi und crazy. Doch selbst wenn sie knorke sind, ist es absolutely unknorke, sie heute knorke zu nennen.

FDGB-Urlaubsplatz

■ »Ja, wenn der Senator erzählt«, beginnt ein satirisch Liedlein vom rheinischen Franz-Josef Degenhardt: Wie der Senator nach dem Krieg mit vierzig Mark angefangen hat und dann schon bald ganze Großbetriebe aufs Wackelsteiner Ländchen stellte, tja, und wie er die Ärmel aufkrempelte, der Senator.

Im Osten Deutschlands werden solche Geschichten nicht erzählt. Weder satirisch noch stolzgeschwellt. Doch wenn wir loslegen und dem Fremd- oder Jüngling von unseren FDGB-Urlaubsplätzen sprechen, mag ein ehrfürchtig Flämmlein in manchem Auge auflodern.

Der FDGB-Urlaubsplatz verhält sich nämlich zu einem üblichen Urlaubsplatz wie eine Logarithmentafel zu einer Zahl. Kann sein, daß heutzutage auch niemand mehr weiß, was eine Logarithmentafel ist. Nur so viel: Sie ist eine für den mathematischen Laien undurchschaubare Zahlenanhäufung.

Wenn ein Urlaubsplatz normalerweise durch Ort, Zeit, Preis und Leistung charakterisiert wird, war der FDGB-Urlaubsplatz ein Schnittpunkt von Zufällen, Notwendigkeiten, Randbedingungen und Ausgleichsmaßnahmen.

Nach dem Krieg wurden nach und nach die privaten Urlaubsunterkünfte, die es zum Beispiel an der Ostsee durchaus reichlich gab, vom allmächtigen Freien Deutschen Gewerkschaftsbund übernommen; gelegentlich mit Raubrittermethoden. Privat war zunächst unerwünscht bis feindlich; gewerkschaftlich organisierter Urlaub hingegen hieß: Zum Wohle des Volkes.

Volk war man dann, wenn man Arbeiter oder Bauer war (ganz allgemein werktätig ging auch); wenn man im

Großbetrieb arbeitete, am besten im Vierschichtsystem; wenn man kinderreich war und beide Elternteile berufstätig; Verfolgter des Naziregimes oder Angehöriger eines Verfolgten war, auch gesellschaftlich gute Arbeit leistete also zum Beispiel als Gewerkschaftsvertrauensmann fungierte. Die Auslese für einen Gewerkschaftsplatz erfolgte nicht immer streng und nicht immer gerecht. Wo eine Auslese allein nach dem Geldbeutel erfolgt, mag das merkwürdig klingen. In der DDR mischten sich gar krude die Bedingungen: Soziale Bedürftigkeit, politisches Wohlverhalten, Erbansprüche (ich hab doch immer einen Ferienplatz gekriegt!) und die allüberall wirkenden Beziehungen ergaben ein von heute aus schwer zu durchschauendes Konglomerat. Ebenso unbegreiflich wird dem Heutigen der damals zu entrichtende Preis sein: 32,60 M für 14 Tage mit Vollverpflegung? Das muß ein Druckfehler sein!

Ging in einem Großbetrieb die Liste mit den Ferienplätzen herum, und darauf stand ein Ostseeplatz während der Sommerschulferien, konnte man sich natürlich dafür bewerben. Den Treffer aber landete, wie im Lotto, immer ein anderer. Ein Winterferienplatz in, sagen wir Bad Frankenhausen, war schon leichter zu bekommen – allerdings wurde der im nächsten Jahr »verrechnet«; die Chancen auf einen Saisonplatz fielen. Außerhalb der Ferien und zum Beispiel im November war auch Ostsee drin; die mit den Jahren überall gewachsenen Ferienheime wollten ausgelastet werden.

Hatte man seinen Ferienplatz schließlich traditionell oder zufällig bekommen, gab es weitere Güte-Kriterien: Welche Essens-Schicht war man? Mußte man vorm Aufstehn zum Frühstück, bekam man in der dritten Abendbrotschicht nur noch Reste vom Kalten Büffet? Auch dies änderte sich mit den Jahren: Verhungert ist bekanntlich in der DDR niemand und schon gar nicht, wenn er in Kost und Logis eines FDGB-Ferienheimes stand. War die Unterbringung »außer Haus«, also bei »privat«, so mußte manchmal auch ein Plumpsklo genügen. An der Ostsee war die Schlafplatzfrage ohnehin zweitrangig. Egal wie klein, egal wie primitiv: Strandnah hieß das Schlagwort in Zeiten geringer Automobilisierung.

Viele Betriebe begannen, um dem allgemeinen Ferienplatzmangel abzuhelfen, »Objekte« im Gebirge, an mecklenburgischen Seen oder mitten im Kiefernwald auszubauen. Burgen, Bungalowkolonien und Fertigteilbetonklötze wurden auch als Kinderferienlager und Schulungsheime genutzt. Als Werksangehöriger erhielt man relativ leicht und relativ oft solche Plätze. Im übrigen aber waren die Segnungen des Massentourismus nicht so verschieden von den heutigen Ferienbetons zwischen Mallorca und Oostende. Als Auskenner wußte und weiß man Bescheid. Ja, und wenn dann der alte FDGB-Hase erzählt, wie er alljährlich zu seinem Platz kam ...

Jumo-Lappen

Es war im Jahre 1972, als die Zeitschrift »Sinn und Form« einen Text druckte, der folgende Eloge enthielt: »Natürlich Jeans! Oder kann sich einer ein Leben ohne Jeans vorstellen? Jeans sind die edelsten Hosen der Welt. Dafür verzichte ich doch auf die ganzen synthetischen Lappen aus der Jumo, die ewig tiffig aussehen.«

Da haben wir sie. Die Jumo-Lappen.

Der Text stammte von einem gewissen Ulrich Plenzdorf und hieß »Die neuen Leiden des jungen W.« Er wurde zu *dem* Theatererfolg in der DDR – und Schulstoff in fast jeder westdeutschen Sekundarstufe. Ob die langhaarigen Gymnasiallehrer zwischen Dortmund und Darmstadt auch die Lappen aus der Jumo erklären konnten?

Irgendwann in den sechziger Jahren gab es ein von hoher sozialistischer Stelle herausgegebenes »Jugendkommunique«. In dessen Befolgung wurden in der DDR spezielle Läden für Jugendmode eingerichtet. Jumo-Läden waren oft dicht belagert; davor bildeten sich jene geordneten Menschenansammlungen, die als »Schlange« Markenzeichen des Ostblocks von Tschernjachowsk bis Wernigerode wurden. Noch Mitte der achtziger Jahre zog sich, nach Lieferung einer Partie echter Levi's, quer über den Marktplatz einer ostdeutschen Kleinstadt eine Bürger-Reihe. Es harrten getreulich Großmutter, Muhme, Dagmar und Kind Rücken an Bauch. Dies galt keineswegs als ungenehmigte Demonstration und wurde folglich auch nicht aufgelöst.

Doch normalerweise wurden in der Jumo eben tiffige Jumo-Lappen verkauft. »Wisent« hieß die einheimische Jeans-Marke, die lappig um Beine und Hüften schlackerte. Am besten, man befestigte sie sich mit Strikken am Leib. Auch andere Wildwest-Tiere mußten als Tarnbezeichnung sozialistischer Beinkleider herhalten: »Bison« oder »Mustang«. In den achtziger Jahren hatten sich »Boxer« an die Spitze der im Lande produzierten Marken gesetzt. Die standen nur noch zwei Klassen unter den Levi's; eine Marke übrigens, die wir damals Lehwiss aussprachen, während man heute Liehweis sagt. Denn wenn sich schon die Bekleidung der unteren Gliedmaßen nicht ändert, so näselt sich doch die Aussprache immer mehr dem amerikanisierten Original an. Von Hause aus hieß der Hosenproduzent allerdings Levi Strauß, einst Bürger Gubens, und nicht Liehwei Stress oder so.

Zurück zur Jeans-Weltanschauung von Plenzdorf: »Es tötete mich immer fast gar nicht, wenn ich so einen fünfundzwanzigjährigen Knacker mit Jeans sah, die er sich über seine verfetteten Hüften gezwängt hatte und in der Taille zugeschnürt. Dabei sind Jeans Hüfthosen, das heißt Hosen, die einem von der Hüfte rutschen, wenn sie nicht eng genug sind und einfach durch Reibungswiderstand oben bleiben.«

Ich war hoch über siebzehn, aber sehr weit unter fünfundzwanzig, als ein Besucher aus dem Rheinland mir seine Zweithose aus dem Reisegepäck überließ. Echte Levi's! Der Name des Spenders sei hiermit ins Buch der Guten Taten eingeschrieben: Jürgen Cachandt, ein ehemaliger Schüler meines Vaters, der sehen wollte, ob die DDR sich seit seinem Weggang verändert hatte.

Ich zog das Geschenk des J.C. an – und geraume Zeit nach Beendigung meines Studiums wieder aus. Ich han min Levis, hieß es von da an bei mir. Dabei war es wirklich nicht die Marke, die mich jahrelang frohlocken ließ, sondern die unschlagbar praktisch-festen Nähte, die winzigen Nieten und der unzerstörbare (heute unkaputtbare) Stoff.

Doch alle, die keinen Jürgen Cachandt kannten, mußten die Jumo-Lappen tragen. Wie vieles in der DDR wurden diese mit der Zeit besser, zumal neben geringsten (quasi mit dem bloßen Auge nicht erkennbaren) Mengen Westimporten auch Importe aus Polen oder Ungarn ihre deutschen Freunde fanden. Als schließlich fernöstliche Freunde ins Land sickerten, bekam die Oberbekleidungssituation einen neuen Schub. Die Fidschis, wie man damals unkorrekt vietnamesische Vertragsarbeiter nannte, nähten, was das Zeug hielt. Das Zeug hielt viel. Gute Jeans bekam man also bald unter der Hand beim Fidschi. Dafür wurden Nähmaschinen in der Volkswirtschaft der DDR knapper und knapper. Doch das wäre wieder ein ganz anderes böhmisches Dorf, nämlich ein vietnamesisches.

Berlin-Verbot

Reden wir über eine Anordnung, die offiziell nicht existierte und erzählen zunächst eine Geschichte, die mit Berlin und Thüringen verquickt ist.

Am 1. Juni 1979 gab es eine erste Bluesmesse in Berlin (Ost); in der Samariterkirche, zu gemeinnützigen Zwekken gedacht: Musik handgemacht, Kurz-Lesungen, vertonte Bibelstücke. Ein paar hundert Teilnehmer kamen. Pikant war, daß just zu gleicher Zeit das hunderttausendfach organisiert besuchte Pfingsttreffen der FDJ stattfand. Denn die Bluesmesse war eine Veranstaltung der Gegenöffentlichkeit, von Jugendlichen, für Jugendliche, unter dem Dach der Kirche – beziehungsweise unter dem Himmelszelt des Herrn.

Die Anregung dazu kam aus Thüringen, wo ein in Obrigkeitsaugen renitenter Pfarrer namens Walter Schilling Kirchentreffen für Jugendliche unter den Namen »June 78« und »June 79« organisiert hatte. Das wurde ihm bald untersagt – er fand andere Möglichkeiten, Leute zu begeistern. In Berlin hingegen wurden die Bluesmessen mit immer mehr Teilnehmern fortgeführt (bis 1986) – dazu reisten Leute aus dem ganzen Land an.

Solches aber war verdächtig in einem Staat, in dem jegliche Spontaneität – trotz deren großer Verfechterin Rosa Luxemburg – vor allem die ordnungshütenden Organe unterbinden mußten. Wo kommen wir denn da hin, wenn jeder spontan nach Berlin fährt, wie er mag?

Nach Berlin kommen wir da, könnte man antworten. Doch Humor war nicht die Stärke der Organe. An den Stadtgrenzen wurden verdächtige, also nach Bluesmesse riechende Jugendliche aus den Zügen geholt – und zurückgeschickt. Klappte das nicht, wurden sie festgesetzt, was offiziell zugeführt hieß. Da saßen sie also irgendwo in Berlin, weil ihnen der Zugang zu Berlin verboten war. Und wurden nach Entwarnung – keine Bluesmesse mehr? Offizielles Pfingsttreffen beendet? – stracks nach Hause geschickt. Jede besondere Lage brachte eine besondere Zugangskontrolle. Der Lagen gab es viele.

Berlin war »Hooptstdt der Deutschn Kratschen Bliek« und folglich sensibel, was seine Bewohner, aber vor allem Zuwanderungswillige anbelangte. Nur wenn man eine Arbeit nachweisen konnte, bekam man den Wohnberechtigungsschein. Den aber erhielt wiederum nur, wer Arbeit hatte. In den Kreislauf der Scheine war schwer einzudringen. Und doch fanden sich Schlupflöcher. Die Bauarbeiter aus dem Süden der Republik zogen die großen Plattensiedlungen am Ostrand der Stadt hoch – und wenn die Bauarbeiterfrau irgendwann die Wochenendehe satt hatte, bekam nicht selten die ganze sächsische Familie in Marzahn ein Arbeiterschließfach zugewiesen, wie man die recht komfortablen Plattenwohnungen nannte. Solche Neuberliner waren den Funktionären genehm – wenn nicht dazu das ganze Künstler- und Kirchenvolk, all die Tramp- und Bluesfans, die Knaben mit den Knabenfreunden und die selbstschneidernden Mädchen nach Berlin gedrängt hätten.

Hatten diese sich dann in Abbruchwohnungen, oft in (nicht im) Prenzlauer Berg (für Sachsen und Wessis Brenzlberg) eingenistet und waren als renitent oder schlicht asozial aufgefallen, konnte sie ein ganz anderes Berlin-Verbot ereilen, das offiziell Aufenthaltsbeschränkung hieß.

Aufenthaltsbeschränkungen gab es für zahlreiche

große Städte oder für die Herkunftsorte von Straffälligen. Laut § 51 f des DDR-Strafgesetzbuches war die Aufenthaltsbeschränkung eine Zusatzstrafe, die nach einer Freiheitsstrafe oder deren Aussetzung auf Bewährung verhängt werden konnte – für zwei bis fünf Jahre, auch unbefristet. Man wollte den Täter aus seinem bisherigen sozialen Milieu per Gesetz herausholen – und hier darf man durchaus diskutieren, ob die Kriminalität dadurch eingedämmt werden kann. Hat Richter Gnadenlos solches schon für Hamburg eingeplant?

In der DDR traf die Aufenthaltsbeschränkung nicht selten Leute, die durch besonders friedfertige Taten – den Ruf »Schwerter zu Pflugscharen« zum Beispiel – aufgefallen waren. Und da in Berlin – zum Beispiel durch kirchliche Bluesmessen – solches sich häufte, war die Einschränkung der Bewegungsfreiheit in der Praxis dann nicht selten ein Berlin-Verbot, das es offiziell nie gab.

Fernschreiber

■ Es ist ein eigen Ding mit der modernen Technik. Wenn sie nur noch neu, also nicht mehr das Allerneueste ist, gilt sie längst als veraltet. Erst wenn sie einen nostalgischen Status bekommt, staunen die Leute: Was so ein einfaches erzgebirgisches Pochwerk mit schlichter Wasserkraft und Holzzahnrädern alles leistete?

Die Informationstechnik hat in den vergangenen zwei Jahrzehnten eine ganz besondere Beschleunigung erfahren. Kam die überraschende Wendung in Shakespeare- und Schillerdramen durchweg per Brief und Bote, so arbeitet das klassische Broadway-Lustspiel bis heute mit dem Telefonanruf. Die Dramaturgie der klappenden Türen wurde durch eine der klingelnden Apparate ersetzt. Doch zuverlässig in fernste Erdteile gelangte nur das Piepzeichen: Über mehr als ein Jahrhundert hinweg lernten Funker zunächst das Morsealphabet, das Mitte des 19. Jahrhunderts eingeführt wurde. Mit der Strichpunkt-Codierung wurde noch lange nach dem zweiten Weltkrieg alles, was als streng geheim galt, den Freunden im feindlichen Lager gemeldet. Heute kennen nur noch Ältere zumindest die Codierung für SOS. Dit-dit-dit Da-da-da Dit-dit-dit.

Da das Morsealphabet nicht mal zur Verständigung im Knast taugt – hier werden die Buchstaben mit Klopfzahlen codiert –, wird es wohl aussterben.

Das Neueste und Zuverlässigste in der Informationsübertragung aber war, neben dem Telefon, über Jahre hinweg das Fernschreiben. Krimis aus den sechziger und siebziger Jahren enthalten nicht selten solche Informationen: »Uns liegt aber ein Fernschreiben der Kollegen aus Wiesbaden vor. Was sagen Sie dazu?« Oder: »Ein Fernschreiben mit der Personenbeschreibung des Täters, Genosse Leutnant, brachte uns auf die richtige Spur, womit wir die von langer Hand vorbereitete Tat verhindern konnten.« (Aufgabe für Mitdenker: Welche Sätze wurden in der DDR /der ehemaligen BRD gesprochen? Beweisen Sie Ihre Meinung!)

Bei der Post und in (fast) allen Redaktionen und Agenturen standen Fernschreiber: einfache Geräte, Schreibmaschinen ähnlich, die für Telegramme (Gentex – ähnlich auch ein anderes böhmisches Dorf-Wort) und interne Mitteilungen (Telex) genutzt wurden. Jeder Tastenanschlag bei der Sendemaschine löste beim Empfangsapparat den entsprechenden Buchstaben aus; bis zu vierhundert Zeichen pro Minute wurden gesendet, also acht bis zehn solcher Buchzeilen, wie Sie sie gerade lesen. Pro Minute! Hochgeschwindigkeitsapparate schafften das Vierfache.

Im Osten kam die große Wachablösung für die Fernschreiber 1990, als »Fernkopierer« zur Grundausstattung jeden Büros gekauft wurden. Fernschreiber waren bis dato vor allem den staatlichen Stellen vorbehalten, natürlich auch den Informations-Monopolisten namens sozialistische Presse-, Funk- und Fernsehorgane. Plötzlich kam die Demokratie, die massenhafte Weitergabe von Info-Zetteln, durch die normale Telefonleitung und den Begriff »Fax«. Wahrscheinlich wissen bis heute nur wenige der Faxnutzer, daß das Ding offiziell zum Beispiel »Fernkopierer AF 341« heißt. Das Wunderwerk der Technik war zunächst anfällig. Ganze Wörter und Zeilen verschwanden im Leitungsgewirr; wenn man die Geschwindigkeit der Übertragung nicht drosselte, las man statt Bahnhof bestenfalls noch Bhf. Immerhin erstaunlich, wie selbstverständlich die Leute mit dem Faxgerät in den vergangenen paar Jahren umgehen lernten. »Sie kriegens gefaxt«, hieß es nur noch oder »Könnses mir nicht faxen?«

Doch längst ist auch diese zunächst mühsam erlernte Kulturtechnik in Gefahr, zu verschwinden. Wer schickt heute noch ein papiernes Fax – selbst wenn der gefaxte Text gleich im Computer des Empfängers als Textdatei erscheinen mag? Mit einem Tastendruck erhält derzeit der geplagte und vernetzte User all das an Infos, Papers und Scripts, was er nie und nimmer haben oder gar lesen will, was der Versender aber glaubt, unbedingt all seinen in der Adreßdatei gespeicherten Opfern aufdrängen zu müssen. Attachment heißt die Gefahr unserer Zeit, und nicht umsonst scheinen die Attacke und das Attention! durch dieses Gemein-Wort hindurch. Wie friedvoll mochte da noch das gemütliche Rattern weniger Fernschreiber in wenigen auserwählten Standorten vor einem guten Dutzend Jahren geklungen haben. Doch was wollen wir machen: Irgendwann wird die Informationsdichte uns grausamer bedrängen als einst die wilden Tiere der Pfeilhagel wüster Steppenkrieger.

Tausend-Tage-Diener

Der disziplinierte, in Linie mit dem Zeitgeist angetretene Leser mag sogleich mit einer ganzen Reihe seltsamer Begriffe überschüttet werden. Was war ein Glatter? Was war Aufkohlen? Was waren Klarsichtscheiben? Was war Zapfen? Was waren Pickel? Was war Schildkrötenrennen? Was war EK? Was bedeutete der Spruch: »Hauptfeld, Hauptfeld, wenn das Laub fällt«?

Der Leser – ich lasse weibliche Formen weg –, für den jetzt ein Lichtstrahl ins Dunkel der Geschichte gefallen ist, hat vermutlich gedient. Oder kennt zumindest die lauschig-anheimelnden Geschichten der Gedienten. »Woll nich jedient, wa?« ist ein Spruch aus den preußischen Abgründen unserer Geschichte, die mit Soldatentum, Ruhm und Ehre, Männerbündelei, Patriotismus, Militarismus, Kriegsgeheul, unverbrüchlicher Kameradschaft, Treue bis in den Tod und anderen aufgeputzten, also blankpolierten Substantiven zu tun haben.

Vielleicht tut es gut, in Zeiten, da Kriege »friedenschaffende Maßnahmen«, Bombenangriffe auf Zivilisten »Vergeltung« und getötete Frauen, Greise und Kinder »Kollateralschäden« heißen, das Wortgut einer Armee anzuschauen, die zwar bis an die Zähne bewaffnet war, unseligste Militaria-Bräuche pflegte, im entscheidenden Moment aber die Waffen streckte. Glücklicherweise. Vielleicht war die »Nationale Volksarmee« wirklich vom Volke durchdrungen? Uneinsetzbar gegen das Volk?

Was in der DDR-Armee nämlich blühte, war der Entlassungs-Kult. Das wahre Soldatenglück lag darin, kein Soldat mehr sein zu müssen. Der EK (Entlassungskandidat), der gegen Ende der DDR zum »E« verkürzt wurde, war die höchste und letzte Stufe des Soldaten. Es gab das

Maßband für die letzten hundertfünfzig Tage. Es wurde »6 aus 49« gespielt: für jeden Tag der letzten 49 galt eine Sportart, wie in einem beliebten DDR-Glücksspiel. Selbst Offiziere, die ihre gewaltigen Reit-Hosen trugen, damit sie ihre vielen Tage wegschleppen konnten, sagten im zweiundzwanzigsten Jahr ihrer fünfundzwanzigjährigen Dienstzeit: Mir kann keiner was. In drei Jahren geh ich nach Hause. Wer aber als normaler Wehrpflichtiger für die üblichen anderthalb Jahre eingezogen worden war und sich, vom Armeeleben angezogen, für länger verpflichtete, der hatte »aufgekohlt«. Es konnte sein, daß der Längerdienende dann irgendwann einen »Zapfen« hatte, womit die in der DDR als Wort wenig bekannte Depression umschrieben wurde. Statt dem Frustrierten das Wort »Zapfen« entgegenzuschleudern, genügte auch die Geste, einen Zapfen an der Nase wachsen zu lassen.

Der freiwillig Längerdienende wurde liebevoll »Tausend-Tage-Diener« gerufen, denn drei Jahre sind nun mal ein Tausend-Tage-Desaster. Hatte ein Soldat noch keinerlei Streifen oder gar Pickel, also Sterne, für höhere Dienstränge, war er »Glatter«. Das war er auch deshalb, weil seine frischen Schulterklappen erst ihren Knick bekamen, wenn die Entlassung am Horizont winkte. Als Anfänger war man Spritzer, später Mittelpisser. Der Spritzer hatte zu spritzen, wenn der EK befahl; der Mittelpisser ließ sich vom Spritzer bedienen und diente dem EK. Vom Soldaten bis zum Offiziersschüler mußten alle sich Spiele gefallen lassen, zum Beispiel »Musikbox«. Dazu wurde der Delinquent in den Spind gesperrt, der EK steckte einen Groschen durch die Spindtür, und der drinne hatte zu singen. Für das beliebte Schildkrötenspiel bewehrte man Ellbogen und Knie mit Stahlhelmen, und die Schildkröte wurde dann über die langen Armeeflure wie ein Eishockey-Puck geschoben.

Weil Entlassungen im Herbst (oder Frühjahr) anstanden, war der Spruch »Hauptfeld, Hauptfeld, wenn das Laub fällt« eine klare Kampfansage. Der Hauptfeldwebel, die »Mutter der Kompanie«, der Organisator des gemeinen Armee-Lebens, mußte immer noch dienen, wenn der EK schon den Blätterfall zu Hause genoß.

Selbstverständlich wurde auch die Verpflegung mit Kosenamen bedacht: Panzerwurst war die übliche, oft weniger harte denn fette Wurst; Sülze hingegen hieß Klarsichtscheiben. Im allgemeinen aber nannte man die Cuisine militaire Fraß.

Was muß ich vernehmen? Viele dieser Sprach-Besonderheiten existieren auch in der heutigen Armee? Dafür, lieber Leser, fühle ich mich nun noch weniger zuständig als für die fernen Sprachwelten der DDR-Kommißknöppe.

Wohnraumvergabe

Bevor ich in die Geschichte abtauche und eine vor zwanzig, dreißig oder vierzig Jahren übliche Praxis beschreibe, darf ich etwas von heute erzählen. Denn muß man nicht Vergangenheit aus der Gegenwart begreifen?

Ich bewohnte in Berlin ein »Studio«, wie man eine schlichte Absteige heute nennt. Drinnen gab es die eigenfinanzierte Duschkabine »Ahlbeck« und den Gas-Außenwand-Raumheizer von »Gamat«, alles guter DDR-Barock. Toilette halbe Treppe: Dennoch, der Miete wegen das Große Los.

Irgendwann Mitte der Neunziger griff der Fortschritt nach mir. Das Haus wurde saniert. Ich galt als »Sanierungsbetroffener«. Mir mußte eine Ausweichwohnung zu erschwinglicher Miete angeboten werden, dennoch doppelt so hoch wie bisher. Mit einem »Sozialplan« versehen, zog ich ins neue Heim: kein AWC, sondern Duschbad; schlicht, aber gut bewohnbar.

Der Teufel beziehungsweise der Kapitalismus jedoch wollte, daß just mein Haus an einen Jungunternehmer aus Bayern verkauft wurde. Der mochte Berliner Mietpläne nie und nimmer anerkennen: In Bayern zohlns dees Dobbelde! Ich wies darauf hin, daß ich für zehn Jahre nur vorsichtige Mietpreissteigerungen vertraglich zugesichert bekommen habe. Nix is! Mia sann mia.

Dem bayerischen Jungunternehmer gelang es, alle Mieter seines Hauses zu vertreiben – dieser hatte eine ungesetzliche Katze, jener eine unverheiratete Freundin als Mitbewohnerin; ich war wegen zeitweiligen Auslandsaufenthaltes »kaa richtger Mieter«.

Nun konnte der Jungbayer teuer frei vermieten ... und das Bezirksamt mußte die Vertriebenen erneut als »Sanierungsbetroffe« in erschwingliche Wohnungen umsetzen. So kam auch ich wieder zu einer – natürlich teureren – Bude. Sie wurde mir zugewiesen, weil ich Glück hatte. Weil ich durch des Bayern Beziehungen erneut in den Plan gedrückt wurde. Weil zumindest erschwingliche Wohnungen bis heute »vergeben« werden. Durch Kommissionen, Anspruchsberechtigungen, Pläne.

Nicht anders erging es in der DDR dem Wohnungssuchenden. Wobei eine entscheidende Änderung im Geld besteht: Wer davon genügend hat, kann sich heute jede Wohnung an jedem Ort leisten.

Die niemals kostendeckenden Mieten in der DDR, aber auch ungenügender Neubau, bewirkten jenen Mangel an Wohnraum. Der Unverheiratete hätte eigentlich auf ewig bei den Eltern wohnen müssen; Geschiedene teilten sich oft noch jahrelang die Zimmer. Sie alle standen Schlange bei der Wohnraumvergabe, wo ihnen mal geduldig, mal schnippisch, mal behördlich und mal parteilich gesagt wurde, daß sie noch nicht dran seien, nicht mal auf dem Plan stünden, zwar auf dem Plan stünden, aber zunächst die dringlichen Fälle vom Vorjahr aufgearbeitet werden müßten usw. usf. So kam es, daß am Ende der DDR eine dreiviertel Million Wohnungsanträge vorlagen.

Auch die staatlich gelenkte Wohnraumvergabe war oft ein Kuddelmuddel von Zufall, Beziehung, Gleichmacherei und Bevorzugung. Die »Ratsmitglieder für Wohnungswesen« waren nicht zu beneiden: Wie sollte eine durch Versterben der hochbetagten Wohnungsnutzerin vielleicht (!) freiwerdende Wohnung auf siebzehn dringliche Fälle verteilt werden? Waren drei Menschen in einem Wohnraum dringlicher als eine Person in einem baupolizeilich gesperrten Obergeschoß? War ein fehlender Wasseranschluß Wohnungswechselgrund oder die Spannungshöhe von 110 Volt? Konnte man einer schwangeren Frau noch zwei Jahre lang neun Quadratmeter zumuten oder einem behinderten Mann fünf Treppen?

Dabei verrät die Statistik, daß die Unterschiede in Deutschland Ost und West so groß nicht waren: hie pro tausend Einwohner 372 Wohnungen, da 415. Hier 57, da 71 Quadratmeter pro Wohnung. Lediglich in der Miete gab es einen Unterschied, wie man damals sagte »in Größenordnungen«.

Die Flure vor Behördenzimmern riechen in allen Zeiten und allen Gesellschaften sehr eigen. Es ist die Mischung aus Beklemmung, Verzweiflung, Gleichgültigkeit und einer Prise Zuversicht. Die Wohnungsvergabestellen von einst verbreiteten just dieses Odium. So daß der Zille-Satz manchmal abgewandelt galt: Man kann mit einem Wohnungsamt die Menschen töten wie mit einer Axt.

hwG-Person

Schlicht menschliche Tätigkeiten, die manchmal zu den angenehmsten gehören, werden im Aktendeutsch oft so ausformuliert, daß man entweder nicht weiß, worum es geht, oder einen Schrecken fürs Leben abbekommt.

Aktendeutsch liefert zudem moralische Wertung. Gerade wenn der Bürokrat sich müht, einen Vorgang sachlich darzustellen, sind die Umschreibungen von einer gewissen Peinlichkeit. Das Kürzel »hwG-Person«, auch HWG, das vor allem zu DDR-Zeiten eine Ab-Stempelung war, diente der Abgrenzung zum »Normalen«. Die »Person mit häufig wechselndem Geschlechtspartner« war manchmal das, was man seit dem Ende des Mittelalters eher abfällig Dirne oder Hure nannte. Heute ist die Bezeichnung »Hure« durchaus solide. Eine politische Korrektheit, die mit ironischer Distanzierung einhergeht, spricht von Rotlicht-Arbeiterin oder Liebesdienstleisterin. Diese können gewerkschaftlich organisiert sein und haben einklagbaren Lohn-Anspruch. Warum aber wird ein ausgiebiges leibliches Liebesleben nicht als Lustbarkeit oder Zuneigungshandlung bezeichnet und die dafür Zuständige(n) als Genußmacherin und Fröhlichkeits-Verlocker?

In der DDR gab es offiziell weder Puff noch Frauen, die als »Bordsteinschwalben« mobile Dienste anboten. Weil nicht sein kann, was nicht sein darf, wurden Huren im amtlichen Schriftverkehr mit Menschen gleichgestellt, die zum Beispiel unter Alkoholproblemen litten, die Kinder hatten verwahrlosen lassen, deren sogenannte »Lebenstüchtigkeit« abhanden gekommen war. Allesamt galten sie als »asozial«, standen außerhalb der Norm-Gesellschaft. »Assis« waren nur im universitären Bereich Assistenten, im Volkssprach-Gebrauch war – und ist – Assi oder noch bildhafter: Assel Sammelbezeichnung für alle »Rumgewischten«, »Ausgeflippten«, »Vernutteten«, für »Gammler« und »Kunden«, »Penner« und »Schwungrad-Ellas«.

Mit dem Kürzel hwG-Person wurden folglich auch Frauen, die in der Tat nur aus Liebhaberei relativ häufig ihren Partner wechselten, bezeichnet. Die DDR-Bürokratie kannte keinen moralischen Unterschied zwischen bezahltem Beischlaf und einem solchen aus gegenseitiger Neigung. Sofern er nicht immer zwischen denselben Personen stattfand, war es hwG. Wenn das Kind im Kindergarten alle paar Wochen vom neuen Papa erzählte, konnte das die Mitarbeiter bei der Jugendhilfe dazu bringen, die Mutti mit dem Kürzel hwG auf der Akte zu vermerken. Wobei die Jugendhilfe, das damalige Jugendamt, nicht selten verantwortlich handelte: Verwahrloste Kinder konnte man damals nicht einfach unter »Nichteinmischung des Staates ins Familienleben« abbuchen.

Wohlgemerkt: Die DDR-Behörden hatten zumindest nach den eher prüden fünfziger Jahren, die von der BRD so verschieden nicht waren, kein wirkliches, kein kirchlich-moralisches Problem mit vor- oder außerehelichem Sex. Als sozialer Faktor aber mußte die häufig wechselnde Verkehrspartnerschaft benennbar sein. Selbstverständlich gab es auch zwischen Rhön und Uckermark bis in die Siebziger den »Kuppeleiparagraphen«, wonach Hotels nur verheiratete Partner in einem Zimmer nächtigen ließen. Schwule Männer und lesbische Frauen hingegen brauchten keinesfalls »verpartnert« zu sein – um ein heutiges Aktenordnerwort zu sagen –, um heiße Herbergsnächte zu genießen. Andererseits war die Hotelsituation so desolat, daß das Personal jeden Vorwand nutzte, die ordentlich-leeren Hotelzimmer nicht vergeben zu müssen. Unverheiratet? – Kein Hotelzimmer, basta!

Ich höre schon den gutinformierten Greis aus den wohlsituierten Kreisbehörden der Neuzeit ausrufen: Aber in der DDR gab's doch überall Prostitution! Der Staat hat die Nutten abgezockt und die Stasi hat sie abgeschöpft und überhaupt war das ein ganz und gar unmoralisches System! Und wenn der gutinformierte Greis aus Bayern oder anderen katholischen Stammlanden kommt, ruft er voll Abscheu aus: Weil die Kommunistenbazis kaa christliche Moral net am Leibe hatten, sondern nur Sauereien, vermaledeite!

Die »Messe-Hostessen«, die in Leipzig den ausländischen Geschäftsleuten das Märchen von der weltoffenen DDR in allen Lagen vorzuspielen hatten, die Kundschafterinnen des Geheim-Ministeriums, die unter Einsatz des Leibes aufklärten, sie alle haben nach Entschwinden der DDR längst ihre Memoiren und Märchen vorgelegt, aber die hwG-Personen fristen ihr Dasein bis heute nur in einer bürokratischen, kaum noch bekannten Kürzelform.

Dispatcher

Ich habe die Vermutung, daß immer dann unentzifferbare, sprich: fremdländische Bezeichnungen für Dienstleistungen, Einrichtungen oder Funktionen gewählt werden, wenn deren Dürftigkeit im Deutschen gar zu offensichtlich ist. Die Flut der Anglisierung bei Telekom, Post und Bahn überdeckt eine immer peinlichere Aushöhlung eines einst menschengemäßen Fortschritts. Doch begeben wir uns in unverfängliche, weil längst bewältigte Vergangenheit:

Sehen wir uns mit etwas Wehmut einen älteren Film an: Ach, diese Farben; ach, diese Bekleidung ... Plötzlich fällt der Begriff »Dispatcher«. Wir wissen sogleich: Wir stecken bis über beide Ohren in der DDR. Der Dispatcher war ein DDR-Beruf, wenn nicht gar eine Berufung, und so eigenständig und dem Lande immanent wie Broiler, Brigade und Soljanka. Seltsam, daß gerade die sozialistischsten Details eines kämpferischen Arbeiterlebens westlichem Spracheinfluß entsprangen; der Dispatcher kam aus dem Lateinischen über die romanischen Sprachen ins Englische.

Bei allen Werktätigkeits-Begriffen sollte lexikalisch der Große DDR-Bruder gefragt werden, denn von der Sowjetunion sprechen lernen heißt siegreich sprechen. Richtig: sowjetsprachlich ist der »Dispetscher« (Genitiv Singular: »Dispetschera«) natürlich ein Fahrdienstleiter; Dispatcher.

Noch ein bissel Sprachforschung gefällig, damit wir die Rolle und Bedeutung des Dispatchers auch wirklich verstehen? Die »Dispache« ist der Plan über Berechnung und Verteilung der Kosten im Falle einer »Großen Havarie«. Der »Dispacheur« folglich der Gerichtssachverständige, der jene »Große Havarie« kostenmäßig auflistet. Wir merken uns »Havarie, Katastrophe«, nähern uns ganz scharf dem Sozialismus und stehen stramm vor dem Dispatcher: »Verantwortlicher Werktätiger, der sich ständig über den Stand des Betriebsprozesses und der Planerfüllung des Betriebes sowie der einzelnen Abteilungen und Brigaden orientiert und regelnd eingreift.« Via Große Havarie war der Dispatcher mithin wichtiger Bestandteil für den Sozialismus in den Farben der DDR.

Immer mußte es einen Obermufti geben, der zuständig war für alle nur möglichen Zuständigkeiten. Im Dispatchersystem wurde »mit Hilfe der Nachrichten-, Signal- und Fernmeldetechnik ein reibungsloser Ablauf der Arbeitsprozesse gesichert«. Der Dispatcher verteilte auch: den Mangel an Werkstoffen, die zu wenig vorhandene Energie; er verteilte die Arbeitskräfte, die immer fehlten. War alles verteilt, organisierte er: Arbeit, Leistung, Sicherheit ... Wichtig war, daß er da war.

In den russischen Theatern der Sowjetzeit gab es den Glawny Administrator, den Haupt-Anweiser. Im Sowjet-Theater waren alle Karten ständig ausverkauft; also ging man als deutscher demokratischer Theaterfreund zum Glawny Administrator – und bekam zwei längst ausverkaufte Karten.

Eine solche Rolle mußte – das zu Ändernde geändert – der Dispatcher in der Volkswirtschaft der DDR spielen. Im Verkehrswesen, in Bergbau und Metallurgie war der Dispatcher lenkendes Organ; in Maschinenbau und Polygraphie war er nur mehr Kontrolleur – sagt uns die historische Fachliteratur. Schon daraus ersehen wir: Ein Dispatcher war einfach etwas umfassend Großes oder etwas umfassend Spezialisiertes; immer aber etwas Umfassendes.

In meiner Schulzeit war die soziale Herkunft wichtig. Der Beruf des Vaters definierte selbige. Mein Freund Peter, Sachse wie ich, sprach bedeutungsvoll zum Lehrer: Mei Vaader is Hilsendisdonend! Mein Vater war bloß Hilfsschullehrer, da wußte man, was das bedeutete. Aber Hilsendisdonend? – Peters Vater arbeitete in der Baumwollspinnerei und mußte dort die zu bewickelnden Hülsen an die jeweiligen Spinnmaschinen bringen, er war ein Transportarbeiter für Hülsen; ein, wie ich mir später zusammenreimte: ein Hülsen-Disponent. Vielleicht hätte er sich auch Dispatcher für Spinnprodukt-Trägerelemente nennen können?

Gewiß, nun können alle ehemaligen Dispatcher sich über die Verkleinerung ihrer großen Aufgaben zu einem winzigen böhmischen Dorf echauffieren – auch dies ist ein Fremdwort und heißt nix anderes, als sich aufregen. Mit Worten können wir die einfachsten Dinge so sehr aufblasen, daß ein jedes Ding zur Macht wird. Und so war auch der Dispatcher eine machtvolle Einrichtung in jener Einrichtung namens DDR: Was hier zu erklären war.

Waren Täglicher Bedarf

Weil wir einfach, verständlich und leicht nachahmbar sprechen sollen – damit auch Kinder, Senioren und nicht des Deutschen Mächtige verstehen –, wird der zweite Fall (i. e. »Genitiv«) ausgemerzt. Der zweite Fall fällt im Deutschen heraus: aus der Schlichtheit der anderen Fälle. Ähnlich verkannt muß sich die Möglichkeitsform fühlen. (Kenner sagen »Konjunktiv«.) So bleibt sie weithin unbenutzt. Trüge deren massenhafter Gebrauch zu einer intelligenteren Gesellschaft bei? Wir wüßten's gern.

Nun wollen wir nicht alles der wirtschaftlichen Rezession, dem frischen Jahrtausend, den Terroranschlägen und den PISA-Lehrern anlasten. Ein schönes Beispiel für mundgerechte, sprich gedankenlose Vereinfachung, die als Fehler daherkommt, war die DDR-Bezeichnung für das Sortiment größerer Handelseinrichtungen: »Waren Täglicher Bedarf.« Damals hießen sie Kaufhallen, heute werden sie Supermärkte gerufen.

Die »Waren Täglicher Bedarf«, abgekürzt WTB, hätten eigentlich »Waren des täglichen Bedarfs« heißen müssen. Doch auch heute kann man ungestraft sagen: Waren Obst und Gemüse, Waren All You Can Eat. Waren Was Das Herz Begehrt. Merke: Verwendest du den Genitiv, geht beim Sprechen alles schief! Das Abkürzungslexikon von 1978 allerdings gibt an: WtB – Waren des täglichen Bedarfs. Spielt uns die Erinnerung einen Streich, oder gab es zwei Wahrheiten – die des Lexikons und die der täglichen Mediensprache? Alte DDR-Zeitungen verraten es, ja, das leitende Volk sprach von »Waren Täglicher Bedarf«.

Bei der Einführung des Begriffs »Waren Täglicher Bedarf« werden sich die Genossen schon was gedacht haben – so ein geflügelter Spruch damals, der auf einen Witz zurückgeht: Bei einer internationalen Konferenz will sich der Franzose einen Spaß machen. Er verteilt auf allen Stühlen Reißzwecken, natürlich mit der Spitze nach oben. Der Amerikaner sieht das – und beauftragt den CIA, herauszufinden, wer ihm da übel wolle. Der Russe bemerkt die Reißzwecke – steckt sie, zappzerrapp, ein. Schließlich kann er sie für die Wandzeitung brauchen. Der DDR-Bürger kommt, guckt, schaut sich um, schaut sich noch mal um – und setzt sich drauf. Dann sagt er gequält: Es tut zwar weh, aber die Genossen werden sich schon was dabei gedacht haben.

Bei WTB dachten die Genossen offensichtlich, daß man jene Handelskette ja nicht einfach Lebensmittel nennen könne. Schließlich gab es da auch Waschmittel – und sogar Reißzwecken, so es sie denn gab. Die Waren des täglichen Bedarfs reichten von der Milch, damals im hochmodernen »Schlauchbeutel«, bis zur Edel-Zigarette »Orient«; sie reichten von der Rasierklingenpackung der Marke »Erfa« bis zum Alleskleber »Kittifix«. Heute sind letztere Dinge im »Non-Food-Bereich« aufgestapelt – natürlich in anderen Qualitäten und Formen als zu Zeiten von WTB.

Eine Besonderheit der Warenpräsentation bestand damals darin, daß große Mengen des gleichen Produkts aneinandergereiht wurden. Wie sollte man sonst Regale füllen? Es gab keine 82 Sorten an Joghurt, die, wie heute, einander hätten bunt abwechseln können. Es gab keine zwanzig verschiedene Zahnbürsten, nicht mal sechs Sorten Scheuerlappen, die damals Hader (sächsisch) oder Feudel (norddeutsch) hießen. Babynahrung gab es zwiefach - KiNa und Milasan –, die dann zu jeweils zwanzig Stück nebeneinander das breitgefächerte Angebot ausmachte. »Angebot« war damals auch kein besonders preiswertes Schnäppchen, eines mit Rabatt, zum Kundenanlocken; alle Waren hießen schlicht »Angebot«.

Wenn das Marktpersonal, damals Kaufhallenkollektiv, von einer Ware nur ein bis drei Exemplare plazierte, so griffen die Werktätigen, also die Kunden, zu: Wovon nur so wenig dasteht, das ist knapp, das ist gleich alle. Hatte die Kaufhalle irgendeinen Posten in großer Stückzahl vorrätig, sagen wir mal, Klosettbürsten, so stellte der gewiefte Kaufhallenleiter drei bis sechs davon hin, und dekorierte mit einem Zettel: Bitte jeweils nur 1 Stück mitnehmen! Sogleich dachten die Kunden: Aha! Klosettbürsten sind derzeit ein Engpaß – wie man ständig ausverkaufte Güter nannte. Sogleich nahm sich fast jeder Käufer 1 Stück Bürste mit, selbst wenn er sie nicht brauchte. Er meinte, er sei, wie man heute sagen würde: clever. Und die Kaufhalle war »Überplanbestände« an Klosettbürsten los. Allen war geholfen. So verschafften »Waren Täglicher Bedarf« jedem Erfolgserlebnisse: Kunden, Verkäufern und Ladenhüterproduzenten.

Klassenfeind

Er hat nie geschlafen und war immer präsent. Er lauerte in Büchern und auf Versammlungen. Natürlich versteckte er sich: in scheinbar harmlosen Werbeaufschriften, in schlichten Kleidungsstücken; ganz besonders heftig anwesend war er in neuerer populärer Musik. Er sprach aus alten Männern und jungen Frauen, er steckte in Erinnerungen und lugte aus Ringelsokken ebenso hervor wie aus der Gesäßtasche in Form eines Stielkamms. In der von Ausbeutern diktierten Geschichtsschreibung war er anwesend, und bei Studenten zersetzte er fortschrittliches Gedankengut. Er war unsichtbar, aber mit Händen zu greifen. Er machte sich breit, war aber im entscheidenden Moment nicht zu fassen, weil undercover. In den Staaten vom Pazifik bis Mitteleuropa war er sehr lebendig und sehr scheußlich, weil an allem und jedem schuld. In der Deutschen Demokratischen Republik zeigte er seine besonders gräßliche Fratze: Der Klassenfeind.

Doch was war er eigentlich?

Dialektisch – ein wichtiges Wort in Verbindung mit dem Klassenfeind – dialektisch gesehen war er eine Erfindung des Klassenfreundes. Den Klassenfreund wollen wir hier mal unmarxistisch definieren: Der Klassenfreund war eine jede Amtsperson in der DDR, sofern nicht in Ungnade gefallen und folglich vom Klassenfeind ergriffen.

Damit der Klassenfreund einen Namen hatte für Widerspruch, für Kritik an seiner Amtsführung, für Spaß und solche Dollerei, die mit den Vorstellungen des Klassenfreundes kollidierten, wurde alles Ungemach als »Klassenfeind« definiert. In der DDR herrschte laut ihrer Verfassung die Arbeiterklasse. Diese Klasse hatte einen Feind mit vielen Namen: Ausbeuter, Besitzer (unrechtmäßig) der Produktionsmittel, Ewiggestrige, Verderber, vor allem aber BBU's. Die BBU's wiederum waren die Bösen Bonner Ultras und als solche Inkarnationen des Klassenfeindes.

Wir dürfen vermuten, daß Klassenfeinde zunächst menschliche Gestalt hatten, also Kreaturen waren. So einfach stellte es sich aber nur in der Frühzeit, in den Gründerjahren der DDR dar. Da wurden Leute, die die Vereinigung von KPD und SPD nicht mochten, als Kreaturen des Klassenfeindes bezeichnet. Bauern, die nicht in die Genossenschaften, die LPG, eintraten, waren ihre eigenen Klassenfeinde: Feinde der Bauernklasse nämlich. Und wenn man es recht bedachte, so waren auch die Tante aus Osnabrück und der Cousin aus Kaiserslautern Klassenfeinde: Sie brachten klassenfeindliche Kaugummis mit und schmuggelten klassenfeindliche Programm(!)zeitschriften namens »Hör zu« in den Staat, der ihnen großmütig die Einreise zum Zwecke von Familienfeiern gestattet hatte. Natürlich waren die Mitglieder der Regierungsparteien der BRD wie auch die der parlamentarischen Opposition Klassenfeinde. Bürger aus Frankreich oder Honduras waren möglicherweise Klassenfeinde zweiter Ordnung; dafür waren polnische Staatsbürger in heiklen Situationen der Weltgeschichte selbstverständlich erstrangige Klassenfeinde.

Irgendwann aber, sagen wir mal ab Mitte der siebziger Jahre, trennte sich der Klassenfeind vom real existierenden Menschen. Der Klassenfeind war nicht direkt die Westoma oder auch der Regierende Bürgermeister – die hießen plötzlich Menschen Guten Willens. Dafür hatte sich der Klassenfeind in die Schriftzüge der Coca-Cola-Werbung verkrochen; er steckte in allem Gedruckten, welches eingeschleust wurde. Vor allem aber lauerte der Klassenfeind mitten in den zahlreichen, sonst aufrechten Staatsbürgern der DDR. Saß er im Herzen, im rechten Vorderhirnlappen oder gar in der Seele?

Nein, im Gemecker der Menschen steckte er, in ihrem Unverständnis über die segensreiche Planung und Leitung der Volkswirtschaft. Er saß im Wunsch der Bürger nach Reisen und nach Pornos; in der Gleichgültigkeit der Menschen ihren Lenkern und Leitern, ihren Generalen und Sekretären gegenüber. Ja, der Klassenfeind war die Inkarnation des Teufels in einer Gesellschaft, die allen Ernstes behauptete, nicht religiös zu sein.

Inzwischen ist aus dem Klassenfeind wieder der Teufel geworden, der in Schurkenstaaten genauso wohnen kann wie im Schläfer. Denn wie einst gilt auch heute: Wer nicht für uns ist, ist gegen uns. Somit ist die Welt zwar nicht besser, aber einsichtiger, will sagen: durchschaubarer geworden. Amen.

Genex

■ Auch im vielbändigen Bertelsmann-Lexikon von 1995 ist der Begriff nicht zu finden, obwohl viele Menschen auf unseren Straßen manches darüber erzählen können. Im großen, nunmehr verbindlichen Nachschlagewerk finden wir hinter »Genevive« gleich »Genezareth« und an anderer Stelle »Gentex«, was wir hier unter »Fernschreiber« bereits erklärten. »Genex« existiert für unsere neue Welt zumindest lexikalisch nicht mehr. Auch im offiziellen DDR-Lexikon (1971) wird die Abkürzung der bereits 1957 gegründeten »Geschenkdienst und Kleinexporte GmbH«, – vielleicht aus Scham-Gründen? – nicht erwähnt. Erst 1974 begann nämlich auch offiziell der von der Regierung erwünschte Ansturm auf jede Westmark und jeden Echtpfennig, koste es, was es wolle, gleich, ob aus dem Portemonnaie eines West- oder Ostbürgers. Obwohl der Ostmensch eigentlich gar kein Westgeld haben durfte.

Gibt es keine verbindlichen Angaben zu »Genex«? Das Internet, das Anzeigenblättchen für jedwede Liebhaberei, offeriert uns einiges, so daß der Belgrader GENEX-Tower ein bedeutendes Gebäude ist und im »Haus der Geschichte« zu Bonn sogar ein Genex-Paket lagert. Auch ein »Genex-Trabant« aus Hannover wird vorgestellt.

Zu DDR-Zeiten ahnte jeder, daß mit Genex für Westgeld alles zu haben war. Wer zahlungskräftige Verwandt- oder Bekanntschaft zwischen Boden- und Nordsee besaß, der wußte es sogar: Im Genex-Katalog waren all die Waren aufgeführt, die es hierzuland nur selten oder gar nicht gab. Ein Kompendium von Engpässen (siehe unter dem sechs Seiten zuvor erklärten Begriff Waren Täglicher Bedarf). Zum Beispiel die Schlagbohrmaschine »Multimax«, Meißner Weine, Hifi-Anlagen, damals »hochwertige Tonmöbel« genannt, Bürgeler Keramik und natürlich Autos der einheimischen Produktion, Ferienplätze, Schiffsreisen – zum Beispiel nach Kuba – und ganze Gartenhäuser. Ein Trabbi kostete in der besten Ausstattung an die 5000 DM via Genex-Katalog, in vier Wochen lieferbar – im Binnenland DDR waren es dreizehn Jahre plus 15000 einheimische Märker.

Das per Genex ins Land fließende Westgeld ergab pro Jahr immerhin 200 Millionen – teuer erkaufte Devisen, wenn man bedenkt, daß manch gutes Stück aus heimischer Produktion im Genex-Katalog weit unter den Produktionskosten gehandelt wurde. Doch auch die zweite Devisenquelle, der »Intershop«, mußte Ware für Westgeld rausschmeißen und den Plan erfüllen: Immerhin hatte man 750 Millionen pro Jahr zu erbringen.

»Intershop« ruft heute auf Kleinanlegergesichtern Unmutsfalten hervor, schließlich ist die Jenaer Softwarefirma gleichen Namens ein klassischer Looser im Aktienhandel, wir verwiesen bereits darauf, als wir »delikat« erklärten. Vor drei Jahren war die Firma Top-Gewinner. Vor zwanzig Jahren rief »Intershop« gemischte Gefühle hervor: Die Altkommunisten wollten jene Läden in Kreis- und Bezirksstädten, in großen Bahnhöfen und Hotels, in denen man für Westgeld (fast) alles und für Ostgeld nichts bekam, sofort schließen. Der Kapitalismus zieht über die Hintertür ein! hieß es. Die pragmatischen Apparatschiks unter Honecker und seinem Wirtschafts-Guru Günter Mittag aber wußten, daß sie mittels Intershop ihren Kleingarten-Sozialismus noch eine Weile würden pflegen können. Als Witz ging damals um: Die

Wirtschaft der DDR steht auf festen Beinen – von Günter Mittag war bekannt, daß er Prothesen trug, weshalb die Fotografen und Kameraleute vor allem den Oberleib des Wirtschaftsführers abzulichten hatten, auf jeden Fall aber darauf achten mußten, ihn dem Volke statisch zu zeigen. Was hätte ein sich bewegender, also humpelnder Mittag in den Abendnachrichten für politisch unkorrekte Assoziationen im sozialistischen Volke hervorrufen können?

Korrekterweise mußte das Westgeld übrigens vor Einkauf im Intershop noch in Forum-Schecks eingetauscht werden. Weshalb man manche Verhandlung über Mangelware mit der Frage einleitete: »Forum handelt es sich?« Bürger, die weder Schecks noch Westgeld besaßen, konnten den Kapitalismus im Intershop wenigstens riechen: Der Duft nach Seife, Waschmittel oder vielleicht auch bloß irgendwelchen exotischen, also rheinischen Raumsprays hing allüberall in diesen Läden.

Ein abschließender Witz zum Thema Devisenbeschaffung gefällig? Was ist ein echter DDR-Snob? Einer, der sich das »Neue Deutschland«, die damalige Haupt-Parteizeitung, über Genex bestellt.

Pg.

■ Wir wissen, daß bei älteren Menschen Kurz- und Langzeitgedächtnis gelegentlich seltsam ineinandergreifen. Wir ahnen, daß auch uns dies irgendwann passieren wird, und versuchen deshalb, zu folgendem, wahrscheinlich abschätzig gefärbtem Ausspruch die Erklärung zu finden: »Na, das war doch ein Pg.!«

Der Pg. ist ein abgekürzter Parteigenosse. Dies versicherten Gewährspersonen glaubhaft. Nun wissen wir, daß sich Mitglieder der heutigen F.D.P., die als FDP ihre Pünktchen verloren, im Überschwang ihrer Wahlerfolge naßforsch »Parteifreunde« nennen. Exakt wie Mitglieder der in der F.D.P. aufgegangenen Blockparteien LDPD und NDPD, einst Abkürzungen für Liberale und Nationale Demokraten auf dem festen Boden der DDR, anerkennend die führende Klasse. Die führenden Klassenkämpfer nun wieder nannten sich als SED-Mitglieder untereinander Genossen – ohne Partei davor. In der NVA wiederum waren alle, vom Soldaten bis zum General, Genossen. Statt Herr Hauptmann! wurde Genosse Hauptmann!! gebrüllt. Um aber SED-Mitglieder in der Armee von den normal dienenden Genossen zu unterscheiden, hießen diese »Genossen Genossen«. – Wir sehen, unser zunächst schlichtes Erklärungsmuster beginnt sich gar fein zu verästeln.

Der Begriff »Genosse« wird noch immer lautstark von rheinisch-bayerischen Sozialdemokraten genutzt, weniger gern von der ostdeutschen Klein-aber-fein-Partei, der hier aus Ruinen wiederauferstandenen SPD. Selbst in der PDS, die ja das Erbe von Bebel bis Luxemburg, von Pieck bis Modrow pflegt, wird »Genosse« in landtagsnahen Kreisen eher schmallippig ausgesprochen – im Unterschied zu Basisorganisationen, wo die rüstige, im Unruhestand lebende Parteiarbeiterin von einst den Fremdling schon mal als »Genosse« vereinnahmt, ganz so wie früher der Nicht-SED-Mensch von Höheren Funktionären zum Genossen herabgeduzt wurde.

In der gern regierenden christlichen Union scheint der Begriff »Unionsfreund« nur gelegentlich üblich; vielleicht ist das historische Verständnis von Unionsfreunden schwach entwickelt. Zwar haben CDU wie CSU Vorgängerparteien, so das katholische Zentrum der Weimarer Republik, doch weil dies vor siebzig Jahren dem Ermächtigungsgesetz Hitlers zustimmte, mögen heutige Christdemokraten keine Vergangenheitsdiskussion.

Zu DDR-Zeiten war die Bezeichnung eines SED-Genossen als Pg. übrigens Sakrileg. Wer Mitglieder der führenden Partei als Pg. bezeichnete, mochte in den fünfziger Jahren dies mit Bedacht und Bosheit tun. Schließlich ergab sich so, rein abkürzungsmäßig, eine Linie zu einer zwölf Jahre führenden Partei. Pg.s waren halboffiziell die Mitglieder der NSDAP, der Nazipartei. In Hitlers Landen galten bekanntlich alle Deutschen als Volksgenossen. Zur Abgrenzung von diesen waren die eingeschriebenen Genossen Parteigenossen – und hießen Pg. Die Volksgenossen wurden abgekürzt zum Vg., als VG hingegen war das zu DDR-Zeiten ein Volkseigenes Gut. Die Parteigenossinnen der Nazis kamen kaum als Pg. (wbl.) vor, sondern wurden von unwilligen Genossen aus dem Volk »Nazisse« gerufen ... wir sehen, wie Bezeichnungen und Abkürzungen manchmal quer zu den Zeiten stehen.

Von den Endvierzigern bis in unsere Zeiten spricht

kein redlicher Christdemokrat etwa von »Nazis«, ein Sprachgebrauch, der in der DDR fast verbindlich war. Nein, ein rechter Demokrat formuliert, mit Betonung auf dem zweiten Wortteil »Nationalsozialisten«, damit die seiner Meinung nach zumindest sprachliche Nähe sozialistischer oder auch sozialdemokratischer Parteien zu Faschisten deutlich wird. Der Begriff »Faschisten« wiederum, auch der in der DDR nahezu verbindlich für alles, was als ewiggestrig oder prowestlich galt, ist heutzutage in den Medien rar geworden und existiert noch in den Kunstwörtern Antifa und Anti-Antifa. Kein Wissenschaftler mit Lehrstuhl mag mehr von »Faschismus« in bezug auf Nazideutschland schreiben, und selbst wenn die italienisch-spanische Herkunft des Begriffs gedeutet werden soll, werden diese hyperkorrekt als »Fascisten« bezeichnet.

Könnte es sein, daß in fernen Zeiten Pg.'s und WG's, die EG und das GG in ähnlichen Sprach-Betrachtungen auf einen Nenner gebracht werden würden? Als Ausdruck von irgendwas Gemeinschaftlichem, vom 19. bis zum 21. Jahrhundert gebräuchlich?

Grosses Pionierehrenwort

»Ist das wirklich wahr?« fragt die ältere Dame den älteren Herrn. Der versetzt im Brustton: »Aber ja doch!« Die ältere Dame will's genauer wissen: »Großes Pionierehrenwort?« – »Großes Pionierehrenwort!« spricht der Herr und zeigt seinen treuesten Augenaufschlag.

Dem Fremd- oder Jüngling soll dieser Dialog erklärt werden – schon merke ich, wie schwer sich etwas, das mit ironischer Färbung, mit dem Wissen um Vergangenheit, mit einer ganzen versunkenen Epoche zu tun hat, zur Sprache bringen läßt.

Pioniere waren nicht nur Spezialeinheiten der Armee, die Landschaften per Brücken- und Wegebau für mörderische Schlachten vorbereiteten. Marieluise Fleißers Drama »Pioniere in Ingolstadt« mußte ich kürzlich in Ingolstadt bei einer Rede heranziehen, um Unterschiede in Ost und West zu benennen. Auch die als Pioniere bezeichneten Weißen, die ins Land des Roten Mannes vordrangen, mögen eine Erklärung farblich verkehren: Rote Pioniere nannte sich die Kinderorganisation der Kommunisten – daran anknüpfend, wurde der weithin verbindliche Kinderbund der DDR, in dem Jungpioniere beziehungsweise Thälmann-Pioniere sich tummelten, am 13.12.1946 aus der Taufe gehoben.

Schon wieder spielt uns die Sprache einen Streich. Das staatliche Kinderkollektiv wurde eben gerade nicht aus der Taufe gehoben, denn die Pionierorganisation war antireligiös. Obwohl Lehrer und eigens an Schulen angestellte hauptamtliche Pionierleiter sich über jedes Schäflein freuten, das zu ihnen stieß – gleich, ob das nun getauft war, nebenbei in die nachmittägliche Christenlehre ging und allabendlich zu Hause betete. Wenn nämlich von 32 Kindern der Klasse nur ein einziges kein Pionier war, fehlten 3,125 Prozent an der hundertprozentigen Mitgliedschaft. Und die wurde angestrebt, selbst wenn nur die Besten Pioniere werden sollten.

Pädagogische Berater meinten bald, man könne Kinder nicht einfach aus der Gemeinschaft ausschließen, nur weil Zensuren, Betragen, Fleiß, Ordnung und Mitarbeit zu wünschen übrigließen.

Der Wechsel von Jung- zu Thälmann-Pionieren erfolgte übrigens in der vierten Klasse. In der DDR-Frühzeit bestand die Pionieruniform aus weißer Bluse beziehungsweise Hemd und blauem Halstuch: »Stolz das blaue Halstuch tragen; andern Freude bringen – jaaa das lieben wir!« – hieß es in der Pionierhymne. Man unterschied sich von sowjetischen Bruder-Pionieren, die mit roten Halstüchern prunkten. Später erhielten auch Thälmann-Pioniere rote Tücher.

Kinder haben auch in Gesellschaften, die eine doppelte Moral pflegen, den Wunsch nach Ganzheit und Verläßlichkeit; nach so etwas Altmodischem wie Ehre. Darin gleichen sie Indianern und Urchristen. Ein Mann – ein Wort; beim Barte des Propheten; beim Leben meiner Mutter; so wahr mir Gott helfe – so lauteten (und lauten?) Treueschwüre. Das »Große Indianerehrenwort« war irgendwann ein Ausdruck absoluter Verläßlichkeit und wurde, wohl zu Tucholskys Zeiten, mit sanfter Ironie unterlegt. Ähnlich mag es dem »Großen Pionierehrenwort« im Laufe des Erwachsenwerdens gegangen sein.

»Junge Pioniere halten ihren Körper sauber und gesund!« – ermahnte die Gruppenratsvorsitzende Claudia, also der oberste, natürlich fleißige und vorbildliche Klassenpionier, den immer etwas schmuddligen Peter. Der mußte das Große Pionierehrenwort geben, sich künftig im Sinne der Pioniergesetze zu verhalten.

In einer Gesellschaft, die christliche Grundwerte im offiziellen Leben nicht kennt, werden andere Organisationen zu Göttern: Es gibt dann eine Parteiehre, eine Treue zum Kollektiv - vielleicht auch ein zu wahrendes Börsengeheimnis - oder eben DAS Ehrenwort. Welches ein Parteivorsitzender Parteispendern gibt. Oder ein Ministerpräsident dem deutschen Volke.

Wir schauen wieder zurück in die Schul-Klassengeschichte der DDR. In dem Maße nämlich, wie schmuddliger Peter und Gruppenratsvorsitzende Claudia älter wurden - und in der DDR eine gebrochene Weltanschauung um sich griff - wurde das Große Pionierehrenwort zu einer halb ironisch-spielerischen, halb immer noch echten Verpflichtung. Und wenn Peter seine Kinderorganisation nicht mehr richtig ernst nahm, rief er »Junge Pioniere scheißen vor die Türe!« und rannte kichernd davon. Claudia war entsetzt und beeindruckt, wußte nicht, ob sie Peters Verhalten vor den Gruppenrat bringen sollte - oder vielleicht doch versuchen sollte, ihn zu küssen und so zu erlösen.

Siehst du, lieber Leser, all dies schwingt beim »Großen Pionierehrenwort« mit - und wenn mal wieder ältere Dame und älterer Herr miteinander zu schäkern scheinen, wollen wir vermuten, daß es sich um die einstige Gruppenratsvorsitzende Claudia und den einst schmuddligen Peter handelt.

Kampfgruppe

■ Was ist das? Ist grau, sitzt im Gras und zittert. – Die Kampfgruppe.

Witze sehen die Wirklichkeit schief an. Möglicherweise verbinden viele Menschen mit »ihrer« Betriebskampfgruppe schönste Erlebnisse – gemeinsames Geländespiel ist besonders Männern Herzenssache. Das wöchentliche oder monatliche Kampfgruppentraining an der Seite netter Arbeitskollegen, ein eher unverbissener Ausmarsch mit Tarnen, Waffenreinigen und Schießübungen war ein Stück maskuline Familie, Heimat und Sport.

Allerdings sprechen offizielle Dokumente in allem Ernst: »Kampfgruppen, Betriebskampfgruppen: 1954 geschaffene bewaffnete Organe der Arbeiterklasse der DDR in Betrieben, Genossenschaften und Verwaltungen. (...) Die K. sind eine Fortsetzung der revolutionären Traditionen. (...) Vorbilder sind die Helden der Roten Ruhrarmee, der proletarischen Hundertschaften, des Roten Frontkämpferbundes und des antifaschistischen Widerstandes.«

Nun wurden Betriebskampfgruppen schon im Frühjahr 1953 aufgestellt; heutige Lexika datieren die Gründung noch ein Jahr früher. Nach den Unruhen des 17. Juni forcierte man den Aufbau von Kampfgruppen. So sollten sie unmittelbar in den Fabriken für Ruhe und Ordnung sorgen und »beweisen, daß wir die erhabenen Ziele der deutschen Arbeiterbewegung niemals aus den Augen verloren haben«, wie ein gewisser Bezirkssekretär Müller 1983 in der Zeitung »Das Volk« formulierte. Am 13. August 1961 wurden Berliner Kampfgruppen »bei der zuverlässigen Sicherung der Staatsgrenze der DDR zu Westberlin« eingesetzt.

Kampfgruppe

»Auch Angehörige der Intelligenz gehören den Kampfgruppen an«, hieß es fast entschuldigend – dabei waren Betriebs- und Abteilungsleiter, Parteisekretäre und Gewerkschaftsfunktionäre mehr oder weniger zum Mitkämpfen verpflichtet: Die grau Uniformierten mit Brille und Bauch sind denn auch auf unretuschierten Fotos unübersehbar.

Nein, eine echte Pflicht, sich in den Dienst der Kampfgruppe zu stellen, gab es wohl nicht, aber mannigfach subtile Möglichkeiten, den Eintritt in die Bewegung zu befördern. Wer bei der Kampfgruppe mitmachte, wurde nicht zum Reservistenwehrdienst einberufen – so ein ungeschriebenes Gesetz. Wer keinen verständnisvollen Arzt hatte und einen höheren Posten in der Betriebshierarchie anstrebte, der konnte sich nicht so leicht vor der Kampfgruppe drücken. Eine Management-Karriere (auf DDR-Deutsch: eine gesellschaftlich verantwortliche Laufbahn) und eine Kampfgruppenbefehlshaberkarriere beförderten einander.

Auch auf die Gefahr eines Aufschreis aller Demokraten und Schweizer behaupte ich: Militär-Rang und Zivilgesellschafts-Rang sind in der eidgenössischen Nebenberufs-Armee seit jeher ähnlich heftig miteinander verquickt.

Überhaupt ist beim Begriff »Kampfgruppe« auf verschiedene Zeiten und Befindlichkeiten zu achten. Die »Kampfgruppe gegen Unmenschlichkeit« schrieb als KgU fleißig am Buch des Kalten Krieges mit. Von Berlin (West) aus operierend, verstand sich diese Kampfgruppe als antikommunistische Speerspitze, als Fluchthelfer-Organisation, die von DDR-Seite damals »imperialistische Agenten-und-Schleuserbande« genannt wurde. Wir wollen über die heutige Anwendung von »Schleuserbande« und »Fluchthelfer«, die womöglich gleich neben dem Begriff »Asylbetrüger« lauern, nicht weiter grübeln, da uns dies in unübersehbaren böhmischen Dorflandschaften verirren ließe, sondern eine hübsche Episode anfügen, die jene Zwiespältigkeit der DDR-Kampfgruppen anekdotisch aufleuchten läßt.

In einer märkischen Landschaft übte einst die Kampfgruppe eines Volkseigenen Großbetriebes; sehr gern marschierte man durch frühlingsgrüne, fast menschenleere Kiefernwälder. Dorthin aber trieb es auch Pärchen, die es unbeaufsichtigt treiben wollten. So kam es, daß eine Kampfgruppe während ihres sonnabendlichen Geländespiels das Auto eines ihrer Mitglieder im Walde ausmachte; man kannte damals Autos von Angesicht zu Angesicht. Doch jenes Mitglied war nicht zur Übung erschienen, da es im Auto eine anders geartete Übung mit einer weiblichen Betriebsangehörigen tätigte. Da beide zwar verheiratet waren, aber nicht miteinander, gab es bei der Kampfgruppe ein Hurra!, eine Umzingelung und Erstürmung der von Liebe erschütterten Bastion Auto.

Von Stund an aber hieß es in jener Gegend, wenn Lieblich-Leibliches zu praktizieren war: Achtung! De Kammfjruppe kommt!

Messe der Meister von morgen

■ Kürzlich bei der Berlinale gab es einen hübschen Ausspruch. Für das Forum des jungen Films formulierte ein Juror: Dies ist eine echte Messe der Meister von morgen. Ob dem Juror die Herkunft dieses Wortschwamms bekannt war? Eher nicht: Würdenträger mit Ostvergangenheit versuchen sprachlich wohlangepaßt auf neuestem Wort-Stand zu sein. Und die »Messe der Meister von morgen«, die MMM, weist für Kenner und geschichtsbewußte Menschen so direkt in tiefe, düstere, also helleuchtend-optimistische DDR, daß Brigade und Neuererkollektiv nicht weit zu sein scheinen.

Die Leipziger Messe, eine Muster-Messe, war mit ihrem Logo, dem übereinandergestellten Doppel-M, weithin bekannt. Daran knüpften die MMM-Erfinder ihr Kürzel: die Messe der Meister von morgen sollte als »zentrale Leistungsschau von jungen Neuerern und Rationalisatoren« volkswirtschaftlich bedeutende Erfindungen junger Leute vorstellen. Selbstverständlich wurde die MMM von der FDJ, der staatlichen Jugendorganisation, »angeregt und geführt«.

Der Originalton der »Tribüne«, der Zeitung der DDR-Gewerkschaft, lautet zur 30. MMM im November 1987 über die Geschichte so: »1958, als der Startschuß gegeben wurde, reichte eine Etage in einem der Leipziger Messehäuser aus, um die Exponate zu zeigen. Attraktionen waren das Modell einer Kohlenstaublokomotive, ein Mörtelkasten auf Rädern und eine Mausefalle. – Auf der 5. Zentralen Messe 1962 wurden Bastelarbeiten endgültig von volkswirtschaftlich bedeutenden Lösungen verdrängt. (...) Der erste Mähdrescher unserer Republik stand am Eingang zur 10. Zentralen MMM 1967.«

Nun wollen wir von der demokratischen Warte unserer Zeit, da die Bewegung »Jugend forscht« ebenfalls in allen Medien gewürdigt wird, allerlei Preise verliehen werden und Bundespräsidenten höchstpersönlich in längst vergangen geglaubten Floskeln mitteilen, daß der Jugend Vertrauen und Verantwortung gegeben werden solle, nicht gar so naserümpfend auf die Mörtelkasten- und Mausefallenerfinder herabsehen. Auch die MMM war in ihrem Kern eine vernünftige Angelegenheit. Wo sollen junge Leute sich ausprobieren, wenn nicht in ihren Schulen, Lehrwerkstätten und Betrieben; wo sollen sie forschen, wenn nicht in Universitäten und Instituten? Und warum sollen Innovationsfähigkeit und Neugier Jugendlicher nicht anerkannt werden?

Die Crux in der DDR bestand, wie so oft, darin, daß die potemkinischen Dörfer aus russischem beziehungsweise sowjetischem Erbe mit deutscher Gründlichkeit allüberall aufgebaut wurden. Offiziell hieß es: »Die staatlichen Leitungen vergeben aus den Plänen Neue Technik oder den Rationalisierungskonzeptionen Forschungsaufträge an die Jugendlichen und unterstützen gemeinsam mit den gesellschaftlichen Organisationen (FDJ, FDGB, KdT u. a.) deren Realisierung.« Die KdT, dies zur Erklärung eines weiteren böhmischen Dorfes, war die »Kammer der Technik«, die Organisation der Ingenieure, die nicht einfach nur Ingenieure waren, sondern besondere, nämlich sozialistische Ingenieure.

Messe der Meister von morgen

Um nun aber in Statistik und Jugendförderung gut dazustehen, wurde ein Teil der Rationalisierungsobjekte, der Forschungsleistungen, der in der Neuererbewegung – auch dies bedürfte der Erklärung, nehmen Sie es, lieber Leser, einfach mal hin – entstandenen Verbesserungen schlichtweg als MMM-Objekte deklariert. So kam es, daß an den Messe-Ständen neben Jugendlichen nicht selten auch ein graumelierter Herr, ein alter Hase, im Hintergrund herumstand. Der hatte die eigentliche Fachkompetenz, dessen Arbeit von gestern und vorgestern war das Meisterstück von morgen zu danken. Für die Presse wurde dann aber ein Bühnenbild aufgebaut: Vorn, mittig, der Gegenstand der Begeisterung, sagen wir, der größte Mikrochip der Welt. Schräg daneben eine blauhemdgewandete Maid, strahlend; zwei, drei weitere Jugendliche mit Werkzeugen, ein stattlicher Berufsjugendlicher, wiederum im FDJ-Hemd, und im Hintergrund der graumelierte Freund der Jugend. Denken Sie, lieber Leser, sich die passende, optimistische Unterschrift zu diesem Bild. Und vergleichen Sie – bei Gelegenheit – unsere bunten Fotoseiten der Yellow Press. Was lehrt uns das?

oktoberklub

■ Es ist vermessen, auf ein paar Zeilen etwas zu erläutern, worüber dicke Bücher, Promotionsschriften und eine Artikel-Flut erschienen sind. Doch ich bin mir fast sicher, es gibt nicht wenige Menschen, die hinter dem Oktoberklub einen gemeinnützigen Verein zur Pflege von Erntedankfesten oder Laubfärbungsdiskursen vermuten. Andere werden verbissen abwinken: Das waren kommunistisch-politische Brüllaffen ...

In den sechziger Jahren gastierte der kanadische Folksänger Perry Friedman oft, lange und gern in der DDR. Die Art seines Musizierens nannte er Hootenanny, und so wurde in Berlin im Januar 1966 ein Hootenanny-Klub, ein Mitsing-Verein, gegründet. Klar, in Zeiten des Kampfes gegen die imperialistische englische Sprache konnte ein solcher Klub nicht lange so heißen. Zum 50. Jahrestag der Oktoberrevolution wurde Friedmans Folksongclub zum Oktoberklub – die Gründung der DDR am 7. Oktober 1949 gleich miterinnernd.

Nun entstand jener Klub, in dem Arbeiterkampflieder, Folklore, Sauf- und Studentenlieder gepflegt wurden und viel optimistische Poesie in Dur vertont wurde, nicht von ungefähr. In weiten Teilen der Welt folgte auf süßliche Schlagerwellen harter Rock-Protest, folgte den modischen Hawaii-Gitarren-Klängen der Rückgriff auf längst verrottet Geglaubtes: Wanderlieder, Volkslieder, natürlich in der internationalen Form als Folk. Gewiß, die leitenden Herren in der Republik urwüchsiger Arbeitervolkskunst wollten ihren Jugend-Stil: Wir sind die Junge Garde des Proletariats; Auf, auf zum Kampf zum Kampf ... dem Karl Liebknecht, dem haben wir's geschworen; Jugend aller Nationen, uns vereint gleicher Sinn gleicher Mut; Wie unser Kleiner Trompeter, ein lustiges Rotgardistenblut; Bau auf, bau auf, Freie Deutsche Jugend, bau auf; Vorwärts und nicht vergessen, die Solidarität.

So entstanden nach Oktoberklub-Vorbild überall Singeklubs oder Clubs. Mitsinge-Lieder wurden hervorgeholt, aufgeputzt, neu betextet und zur Freude alter Genossen - manchmal auch zu deren Verdruß - ein- bis vielstimmig auf Bühnen, bei Demos, in Schulen und Kantinen gesungen. »Von den Bergen rauscht ein Wasser« hieß es volksliedelnd und wurde dann zu: »In dem Grohoßen Wartesaahaahaal - ja da haste mich, da kannste mich zum allerletzten Mal«. Nein, schwarzbraun ist die Haselnuß wurde zwecks Wehr- und Polit-Ertüchtigung nicht gesungen, auch eine gewisse »Eeerika« rief man nicht herbei. Großer Beliebtheit aber erfreute sich ein Lied mit den hübschen Zeilen »Scheiße in der Lampenschale, Helalilaliluh, schafft gedämpftes Licht im Saale, Helalilaliluh.« Der Refrain konnte auch anglisiert werden zu Hayluleeluleeloo - und die Strophen mit viel Hauruck, Packan, Machmit und Kampffürsozialismus gefüllt werden.

Der Oktoberklub wurde recht bald das, was man eine Kaderschmiede nannte. Namen? Barbara Thalheim und Barbara Kellerbauer, Hartmut König und Reinhold Andert, Gina Pietsch und Jürgen Walter. Spätere Theaterleute, spätere Funktionäre und spätere Dissidenten gingen durch den Klub. Kinder der Berliner Polit-Prominenz trafen sich dort - irgendwann ging die Berufs-Sänger-Formation »Jahrgang 49« daraus hervor. Der Oktoberklub stand in freund- bis feindschaftlicher Verbindung zu zahlreichen Gruppen, von »Karls Enkel«, aus denen später wieder das Clowns-Duo Wenzel/Mensching heraustrat, bis zu Stefan Krawczyks »Liedehrlich«; erst dikker Kumpel, dann finsterster Gegner. Die Dichterin Gisela Steineckert sah sich als Mäzenatin; Paul Dessau ließ sich zu Kompositionen hinreißen; die Weltfestspiele 1973 waren quasi eine gewaltige Oktoberklubfestschlacht. Ab 1970 lockte das »Festival des Politischen Liedes« im Februar Weltsänger in die DDR-Provinz namens Hauptstadt - der Oktoberklub war organisierend, anfeuernd, beratend und politisch saubermännisch immer dabei.

Nein, die Widersprüchlichkeit dieses Vereins, der gemeinsam mit der DDR abdankte, läßt sich schwer fassen. Speichelleckerei und trotzige Kampfansage, Hurragebrüll und bissige Sottisen mischten sich in den Programmen und Bekenntnissen; widerständige Satire und Parteigedöns kamen gelegentlich aus ein und derselben Kehle.

Hausaufgabe für den nun schon recht kenntnisreichen Leser: Bewerten Sie diese Oktoberklub-Zeilen: »Wir sind überall, auf der Erde, auf der Erde, leuchtet ein Stern, leuchte mein Stern ...«

Kochklopse

Dummme Frage, wird der kluge Leser brummen, das waren und sind offensichtlich gekochte Klopse, also in heißer, würziger Brühe gargezogene Klöße aus Hackfleischmasse ...

Speisen und ihre Namen sind ein Stück Kulturgeschichte und manchmal auch politisch-ideologische Erziehung. Zur Erklärung zitiere ich einen literarischen Text. Er teilt den Speisezettel der Einzelentscheider – das sind jene Juristen, die über Wohl und Wehe von Ausländern und Asylanten entscheiden – aus einer amtlichen heutigen bundesdeutschen Kantine mit.

»Montags Serbisches Reisfleisch, dienstags Schlesisches Himmelreich, mittwochs Balkaneintopf, donnerstags für Süßmäuler Mohrenköpfe oder Kameruner, freitags Zigeunerbraten mit Teufelssoße. – Doch es schmeckt alles, darüber sind sich deutsche Einzelentscheider einig im Vaterland; es schmeckt alles wie Tote Negeroma.«

Politische Korrektheit gab es auch schon, als der Begriff in weiten Teilen Deutschlands, vor allem im Osten, gänzlich unbekannt war. In Hermann Kants Roman »Die Aula« wird von einer Manifestation in Greifswald berichtet, da ideologisch gefestigte Studenten mit einem markigen Spruch gegen den Namen »Pommernplatz« demonstrieren, also eilfertig um denselben herumrennen: »Pommernland ist abgebrannt – wann wird der Platz hier umbenannt!«

Nach dem Zweiten Weltkrieg nämlich beeilten sich die vorauseilend Gehorsamen, allüberall Erinnerungen an einstige deutsche Ostgebiete zu tilgen. Straßen, Plätze, ganze Siedlungen und Städte mußten mit ihren Namen herhalten: Aus Fürstenberg wurde Stalinstadt; ein unschuldiges brandenburgisches Dorf hieß Marxwalde – aber auch zahlreiche Speisen büßten die Kriegsschuld der Deutschen. So hießen denn jene bleichen, in einer mehlig-hellen Kapernsoße zubereiteten Königsberger Klopse offiziell nurmehr Kochklopse. Zu »Kaliningrader Klopsen« als korrekte Bezeichnung mochte man sich nicht entschließen – das Volk hätte die Lächerlichkeit gar zu heftig empfunden.

Die Stadt Tilsit, die gleich Königsberg im sowjetischen Staatsgebiet lag und mit »Sowjetsk« einen triumphalen Namen bekommen hatte, konnte als Milchprodukt-Herkunftsort nicht mehr auftauchen: »Tilsiter Käse« war folglich eine Unwort-Kombination – sowjetischer Käse hieß hingegen im DDR-Volk ganz allgemein manch merkwürdiger Import aus dem Großen Bruderland. Schweizer und Limburger Käse hingegen durften ihre Herkunftsbezeichnungen behalten, obwohl im NSW gelegen.

Per Sprach-Nomenklatur aber wurden auch bei anderen Speisen die Anrufungen einstiger Volksbeglücker ausradiert. Der schwere, cremereiche Kuchen »Bismarck-Eiche« hieß nur noch »Eiche«, beim »Fürst-Pückler-Eis« ließ man zumindest den Fürsten weg und machte »Pückler-Schnitte« daraus, wo es nicht als »Eistorte« oder noch allgemeiner als »Halbgefrorenes« seinen offiziellen DDR-Namen bekam.

Dieweil nach dem Krieg allen möglichen Nahrungs-Wörtern der Begriff »Ersatz« angehängt wurde, vom Kaffee-Ersatz bis zum Schokolade-Ersatz, auch »Vitalade« genannt, wurden hie und da noch real existierende Speisen mit dem Zusatz »gute« aufgewertet. Die »Gute

Butter« ist in manchem urgroßmütterlichen Wortschatz bis heute aufzufinden. Und da Schlagsahne lange Zeit zumindest in der DDR ein überaus seltenes Gut war, erfand man die »Schlagkrem«, die als Schlagsahne-Ersatz viel gesünder sein sollte als die böse, fette, buttrige Sahne.

Direkt aus der DDR sind relativ wenige Speisen im Sprachschatz erhalten geblieben, der Broiler war schon immer nichts anderes als ein spezielles Brathähnchen, die DDR-Suppe Soljanka ist wohl bis heute vor allem in Rußland eine unbekannte Erscheinung, wird sie doch aus delikaten Wurst-Resten komponiert, wohingegen die sowjetische Wurstproduktion keine Wurstreste kannte. Die »Sättigungsbeilage« als Bürokratenwort hat sich zumindest in westdeutschen Feuilletons erhalten, womit man das Piefige der ostdeutschen Länder so einfallsreich und sarkastisch zu geißeln meint. Doch in weiten Teilen Thüringens und Sachsens gibt es bis heute den »LPG-Kuchen«, ein mindestens dreischichtiges Gebäck in den Farben Schwarz (kakaohaltiger Teig) Rot (Marmelade) und Gelb (Pudding oder Creme), dessen Namensherkunft mir aber auch von alten Gewährsleuten nicht gedeutet werden konnte.

Oder heißt der Kuchen bis in die Jetztzeit so, weil dieses nahrhafte Genußmittel auf dem platten Lande, in dem alle Macht einst von Landwirtschaftlichen Produktionsgenossenschaften ausging, der herrschende Backwarenklassiker war?

Halbstaatlich

Die Metallbude, in der ich Ende der sechziger Jahre den ruhmreichen Beruf des Maschinenbauers erlernte, war für damalige Verhältnisse eine Klitsche: kaum zweihundert Beschäftigte. Das galt in jener Gegend, da die großen Maschinenbaubetriebe mit Tausenden Arbeitern zum Beispiel »VEB Werkzeugmaschinenfabrik 8. Mai Karl-Marx-Stadt im Kombinat Werkzeugmaschinenbau 7. Oktober Berlin« hießen, als Klacks.

Mein Betrieb hieß »Roscher & Eichler KG Altmittweida«, wurde von den Gutwilligen als »Rost & Eisen« bezeichnet und von uns Lehrlingen, wie man Azubis in merkwürdig allgemeinverständlichem Deutsch damals nannte, »Rotz & Elend« gerufen. Wir stellten kleine, blitzende Fräsmaschinen für den Export nach Finnland her, auf zum Teil uralten Hobel-, Dreh- und Bohrmaschinen. Für den Facharbeiterbrief mußte ich als »Gesellenstück« einen Maschinenschraubstock fertigen. Das war sogenannte gute alte deutsche Metallarbeitertradition, die nicht als neue Methode daherkam, wie jene im Witz vom sowjetischen Genossen Lew Lokomow, der als erster eine Lokomotive aus einem Stück feilte.

Unser Betrieb »Rotz & Elend« wurde damals als »halbstaatlich« bezeichnet. Und wenn wir unseren Lehrmeister nach den Besitzern fragten, hieß es: Roscher is dood und Eichler läbd im Wesdn! Mehr weeß ich ooch nich!

Es gab einen sozialistischen Betriebsdirektor, eine Partei- und mehrere Gewerkschaftsgruppen; es gab die große Lehrwerkstatt mit kämpferischen Wandzeitungen; es gab Planerfüllung und Kantinenessen auf Marken – wir unterschieden uns in nichts vom VEB »Nagema«, vom VEB »Wälzlagerkäfigwerk« oder vom VEB »Rundstrickmaschinenbau«, bei denen Werkzeugmacher oder Zerspaner ausgebildet wurden, die in der Hierarchie der Metallberufe selbstverständlich weit unter uns standen.

Dies die individuelle Erfahrung mit der Halbstaatlichkeit. Und siehe da, Dokumente der Zeit verraten, daß Gleichheit angestrebt war: »Als geeignete Übergangsform zum sozialistischen Betrieb erwiesen sich die Betriebe mit staatlicher Beteiligung. Sie ermöglichten die allmähliche sozialistische Umgestaltung des privatkapitalistischen Sektors in der Industrie ohne Enteignung, unter Einbeziehung der Unternehmer und der Nutzung ihrer Kenntnisse und Erfahrungen. Mit der Form der staatlichen Beteiligung waren aber noch nicht alle Widersprüche gelöst, die sich aus dem kapitalist. Eigentum ergaben. Mit dem Aufkauf der Betriebe mit staatlicher Beteiligung und der noch bestehenden Privatbetriebe durch den Staat fand die sozialistische Umgestaltung des kapitalist. Sektors in der Industrie ihren Abschluß.«

Soweit der hübsche zeitgenössische O-Ton. Nichts steht da von jenen Parteifreunden in der LDPD, die in vorauseilendem Gehorsam auf einem Parteitag ihre Halbstaatlichkeit ohne Not zur Disposition stellten; nichts von den Methoden, mit denen Kleinunternehmer in den Ruin getrieben wurden, um »Widersprüche aus dem kapitalist. Eigentum zu lösen«.

Zwischen 1955, der Einführung der halbstaatlichen Betriebe und 1969, dem Höhepunkt, nahm die Zahl solcher Produktionsstätten von reichlich hundert bis zu über fünftausend zu; immerhin waren etwa 360 000 »Werktätige«, wie der offizielle Begriff lautete, dort beschäftigt.

Nach der 1972 friedfertig erfolgenden »Enteignung«

wurden die Eigentümer meist als Betriebsdirektoren eingesetzt; von dem überwiesenen Kaufpreis für ihren Betrieb durften sie jährlich nur eine bestimmte Summe abheben: Man achtete peinlich darauf, daß niemand zu reich wurde im ersten deutschen Arbeiter- und Bauern-Staat.

Der Begriff »halbstaatlich« bürgerte sich übrigens auch für andere staatliche Beteiligungen ein. Handwerksbetriebe und private Gaststätten konnten meist gar nicht anders – als »Kommissionsgaststätte« war die Bierkneipe um die Ecke überlebensfähig; der private Krauter im Kleingewerbe wurde als »Kommissionär« geduldet, das heißt, »Beschaffung und Absatz« wurden für ihn staatlich geregelt.

Wenn heute hingegen die Bayerische Landesbank als »halbstaatlich« firmiert, so verlaufen sich deren Kapital- und Zinsflüsse in einem schwer erforschbaren Delta. Welches zu untersuchen uns zumindest in diesem Büchlein nicht ansteht.

Abschlusserklärung

Liebe Leserin, resp. Leser,

Sie mußten nun genau fünfzig Worterklärungen durchforsten, sind dabei für dumm verkauft und als nicht ganz von dieser Welt angesehen worden. Dagegen könnten Sie sich wehren und in einem Leserbrief alles richtig und vom Kopf auf die Füße stellen.

Doch wissen Sie auch, wie man einen Leserbrief verfaßt? Was heißt eigentlich »Leserbrief«?

Ich will's erklären. Und dazu etwas ausholen.

Normalerweise sitzt der deutsche Dichter hinter der Schreibapparatur und kriecht nur von dort hervor, um auf einem Lese-Event seine mühsam verfertigten Sachen mit mühsamem Zungenschlag aufzusagen. Zur Buchmesse wird er mitsamt schwerblütiger Haarsträhne abfotografiert, und wenn er beziehungsweise sein Agent etwas von Marketing versteht, läßt er einen skandalumwitterten Movie-Star an seiner Seite stehen, sagt zitierfähige Sätze wie »Nun hat die Juderei ein End«, zieht aus dem Ärmel eine soeben aufgefundene Stasi-Akte oder schneidet sich coram publico die Pulsadern durch.

All das macht er nur, weil er sich mißverstanden fühlt. Weil ihm niemand sagt oder schreibt, daß er ein lieber Kerl ist. Sie, verehrte Leser, können dazu beitragen, daß Autoren nützliche Glieder der Gesellschaft werden und keine zerschnittenen Pulsadern mehr benötigen, um sich zu finden.

Natürlich darf man über das vorliegende Buch urteilen: »Erstunkener und erlogener Wessi-Mist! So war unser Leben nicht!« Hübscher aber liest sich: »Das Buch hat mir viel gegeben. Denn genau so haben wir es doch erlebt!«

Es gibt Bürger, die würden zu den »Waren Täglicher Bedarf« (S. 110) dergestalt Stellung nehmen: »Sie treten alles in den Dreck! Wir brauchten keine 82 Sorten Joghurt und waren glücklich! KiNa und Milasan haben unseren Babys immer gut getan!« Oder so: »Sie sind ein unverbesserlicher Ossi und wünschen sich wohl die Schießbefehlszeiten zurück, als Werbung bei Ihnen verboten war?!« Das aber schreiben Sie nicht, sondern: »Gerade diese drei Seiten haben mich zutiefst bewegt! Weiter so!« Wenn Sie Political Correctness liebten, würden Sie schreiben, also mailen, daß der Autor Ausreiseantrag und Berlin-Verbot verniedliche und die Zwangseingekerkerten des Unrechtsstaats mit dem Begriff »Preisgesenkte« ein zweites Mal der psychischen Vernichtung anheimgäbe. Sie müßten es mit Fug und Recht als unerträglich empfinden, daß er sich lustig macht über den stolzen Dispatcher und die Errungenschaft namens Haushaltstag und die Trasse und die Poeten und die Dissidenten und die Bundis und die Einheit und die Deutschen und alle führenden Kräfte sowieso, die von jetzt und die von gestern. Denn morgen werden wir diese DDR endlich bewältigt bekommen haben. Dafür sollten wir dankbar sein, vor allem jenen selbstlosen Menschen, die uns zeigen, wie man alles Schöne & Gute aufbaut und alles Schlimme & Schlechte liquidiert.

Behaupten Sie folglich nie, daß wir damals verdammt viel lachten. Gelacht wird erst jetzt, aber nie über uns, sondern immer über die anderen.

Ach – denken Sie im stillen Kämmerlein doch, was Sie wollen! Aber laden Sie nie Ihren Unmut per Leserbrief beim Autor ab. Er macht da glatt ein neues Buch draus.